De:
Para:

La misión de Editorial Vida es ser la compañía líder en comunicación cristiana que satisfaga las necesidades de las personas, con recursos cuyo contenido glorifique al Señor Jesucristo y promueva principios bíblicos.

Devocionales para una mujer de gran valor
Edición en español publicada por
Editorial Vida – 2011
Miami, Florida

Originally published in the USA under the title:
Becoming a Woman of Worth – Devotional

Traducción, edición y diseño interior: *Grupo del Sur*

ISBN: 978-0-8297-5925-9

CATEGORÍA: Vida cristiana / Inspiración

IMPRESO EN CHINA
PRINTED IN CHINA

22 LEO 11 10 9 8

Devocionales

PARA UNA MUJER DE GRAN VALOR

52 devocionales para ayudarte a ser la mujer que Dios quiere que seas

Karen Moore

CONTENIDO

Introducción

Los hemos animado, consolado y exhortado
a llevar una vida digna de Dios, que
los llama a su reino y a su gloria.
1 Tesalonicenses 2:12

¿Cómo sabes si estás llevando adelante una vida que Dios considere digna? ¿Cómo disciernes su propósito divino para tu trabajo, tu hogar, tus pensamientos y tu bienestar?

En el mundo de hoy, no siempre es fácil escuchar, y mucho menos entender, el llamado de Dios. Si has oído su voz y sabes que te ha llamado, entonces él ya te ha asignado una misión especial. Ya te ha llevado a través del camino del entendimiento, para que puedas descubrir lo que significa ser una mujer de gran valor.

Ser alguien que Dios considere valioso, puede no semejarse a quien el mundo considere valioso. Aunque no estés en una posición de poder, estás en el trono de poder en todo momento. Quizás no tengas las posesiones materiales de este mundo, pero posees la riqueza de las edades. Tal vez nunca veas tu nombre brillando en las marquesinas, pero la luz del mundo te está viendo.

¡Vamos! Caminemos juntas, alentándonos mutuamente a ser transformadas en mujeres que Dios considere de gran valor. Examinemos su llamado en nuestras vidas, mientras analizamos las características de una mujer de gran valor, y las definimos conforme a su esperanza para cada una de nosotras.

VALOR

Fuiste creada para ser una mujer de gran VALOR. Fuiste diseñada para estar más íntimamente ligada al corazón y la mente del Padre. Comencemos por dar el primer paso para entender en qué consiste ser una mujer «de valor», definiendo el significado de caminar junto a Dios.

No ames lo que eres, sino lo que puedes llegar a ser.

Miguel de Cervantes Saavedra

Caminemos con él

Si vivimos en el Espíritu, andemos también en el Espíritu.

Gálatas 5:25 (RVAntigua)

El escritor de Gálatas propuso un recorrido de dos etapas para aquellas de nosotras que deseamos convertirnos en mujeres de valor. Sugirió primero que debemos «vivir en el Espíritu». ¿Qué significa esto? ¿Es tu intención vivir en el Espíritu hoy?

Si «vives» en un lugar, significa que estás «viva» en ese lugar. Quizás el lugar en el que revives es en la iglesia. Tal vez te sientes viva en tu hogar, con tus hijos y tu marido. O en el mundo exterior, donde realizas tu trabajo. Es bueno saber qué es lo que te hace sentir viva. Es bueno entender cuál es el lugar en el que vives.

Si vives en el Espíritu, cobras vida cada vez que se cruza en tu camino una oportunidad de compartir el evangelio que tu mente y corazón aman. Revives con cada oración que susurras o al darle una mano a tu vecino. Te sientes viva con el amor que Dios ha puesto en tu corazón.

Como mujer de valor, estás viva en él, y una vez que reconoces ese hecho no hay vuelta atrás. Estás en el camino, lista para caminar. Caminarás con sus brazos envolviéndote por el resto de tus días. Cuando caminas en este tipo de amor, te conviertes en una mujer de valor aun más fuerte.

Un pensamiento valioso

No debemos confiar en cada palabra que nos dicen o en cada sentimiento que experimentamos, sino ser pacientes y cautelosas, para ver si provienen de Dios.

Tomás Kempis

Padre celestial, camina hoy conmigo y ayúdame a vivir en tu dulce y amoroso Espíritu. Guía cada uno de mis pasos para parecerme más a lo que tú quieres que sea. Mi gozo descansa en ti. Amén

Esperándolo

Bueno es el Señor con quienes en él confían,
con todos los que lo buscan.
Bueno es esperar calladamente
a que el Señor venga a salvarnos.
Lamentaciones 3:25-26

Apurada por llegar al trabajo, esperas en el tráfico. De prisa por llegar al banco antes de que cierre, esperas en la cola. Apurada en el consultorio médico, esperas tu turno. Apurarse y esperar. Apurarse y esperar. Como mujeres muchas veces hacemos esto. De algún modo, tratar de tener control sobre nuestro tiempo y horarios es más difícil de lo que jamás imaginamos. Siempre estamos apuradas, y nunca nos gusta esperar.

¿Cómo podemos aprender a esperar? Lo que es más, ¿cómo podemos aprender a esperar a Dios? Siempre nos guste pensar que sus tiempos y los nuestros coincidirán. Esto a veces es cierto pero otras veces no. ¿Cómo puedes esperar con gozo y paz? ¿Cómo puedes esperar en santidad?

Las Escrituras dicen «bueno es esperar calladamente a que el Señor venga a salvarnos». ¡Qué gran verdad! Siempre que realmente esperamos en el Señor, es por un asunto de salvación. Esperamos ser salvas de la soledad, o de una enfermedad, o de alguna pena. Esperamos encontrar la victoria en el drama de la vida y no estamos seguras de que nuestras tres pequeñas piedras sean suficientes para derrumbar al Goliat que enfrentamos. No estamos seguras, pero tenemos esperanza. ¿Por qué?

Porque sabemos que el Señor es «maravillosamente bueno» con quienes lo esperan, y él sabe que para nosotros es difícil esperar. Él sabe que somos seres finitos. Él sabe, y debido a un amor más grande lo que jamás podemos imaginar, esperar el momento perfecto para ofrecernos salvación. Nos asegura que la espera vale la pena.

Un pensamiento valioso

Qué maravilloso sería si nuestra confianza fuera tan fuerte y nuestra esperanza tan victoriosa, que la espera fuese simplemente una oportunidad de preparación para el gozo venidero. Espéralo. Vale la pena.

Señor, espera conmigo. Espera conmigo y fortalece mi espíritu en la certeza de que tus manos sostienen mi vida, y de que solo procuras mi bien. Ayúdame a esperar en santidad y con un gozo calmo. Amén.

Una mujer sabia

Di a la sabiduría: «Tú eres mi hermana»,
y a la inteligencia: «Eres de mi sangre» .
Proverbios 7:4

La mayoría de nosotras piensa que nacimos con sentido común, o al menos, eso esperamos. Hacemos cosas que parecen razonables, tratamos a los demás con amabilidad, pensamos positivamente y damos lo mejor de nosotras para hacer posible que algo bueno suceda cada mañana, cuando el sol se asoma una vez más. La verdad es que sí tenemos sentido común la mayor parte del tiempo. Pero lo que Dios quiere de nosotras, quizás sea algo diferente. Dios quiere que tengamos sentido «no común».

Cuando somos hermanas con sabiduría, miramos más allá de lo que otros puedan considerar razonable. Atravesamos lo ordinario y disfrutamos la brisa fresca de todo lo extraordinario. Levantamos nuestras manos para alcanzar al Dios de nuestras mentes y corazones y abrazar su bondad «fuera de lo común». Buscamos todo aquello que él quiere para nosotras, porque es sabio hacerlo. Somos su familia, sus hijas y sus amigas en esta tierra.

Como mujer de gran valor, sueles darle al mundo lo mejor de tu sabiduría, señal del verdadero sentido común. Al hacerlo, da un paso más y camina más allá de lo esperable, dejando que lo inesperado, lo extraordinario, la bondad suprema guíe cada una de tus acciones.

No fuiste pensada para ser común. Fuiste creada para hacer grandes cosas mediante la gracia y el poder de aquel que te ama. Abraza la sabiduría y deja que el sentido «no común», el sentido de saber que todo es seguro en las manos de tu Padre, te dé la esperanza que necesitas cada día. Sé un poco majestuosa hoy.

Un pensamiento valioso

El sentido común es genialidad vestida con ropa de trabajo.

Ralph Waldo Emerson

Padre, ayúdame a ser sabia en lo que verdaderamente importa. Ayúdame a depositar mi confianza en ti con sabiduría, aceptando tu bondad fuera de lo común, tu verdad, tu deseo de que viva bien y segura. Déjame caminar en tu santuario y recoger la sabiduría de los tiempos. Amén.

Una hermosa creación

Tú creaste mis entrañas;
me formaste en el vientre de mi madre.
¡Te alabo porque soy una creación admirable!
¡Tus obras son maravillosas,
y esto lo sé muy bien!
Salmo 139:13-14

¿A veces olvidas lo maravillosa que eres? ¿Olvidas que fuiste hecha hermosa y eres la creación de un afectuoso Padre celestial?

Vivimos en un mundo que nos facilita bastante el ser duras con nosotras mismas. La industria de la moda dictamina lo que deberíamos usar, y las revistas de glamour indican cómo combinar todo y los medios de comunicación nos recuerdan casi a diario el funesto fracaso que se produce al intentar ser todo para todos. El mundo nos hace sentir hermosa.

¿Adónde puedes ir a buscar un reflejo real de ti misma? ¿Adónde puedes encontrar el espejo adecuado que te muestre que cada curva, cada ángulo, cada minúsculo poro de tu rostro y tu cuerpo están diseñados artísticamente? Ese espejo está todo el tiempo contigo y puedes contemplarte en él en cualquier momento del día.

Solo tienes que silenciar tu mente, inclinar tu cabeza y echar una mirada a tu interior para ver las maravillas que fueron creadas artísticamente dentro de ti. Eres el reflejo de tu Creador, y eso te hace hermosa.

Mientras transitas hoy tu día, deja que el mundo se quede con sus listas de mejores y peores, sus estándares de belleza y sus identidades superficiales. Tú tienes lo que es real, y eso es parte de lo que te hace una magnífica mujer de gran valor.

Un pensamiento valioso

El asombro es la base de la adoración.

Thomas Carlyle

Señor, me asombro y maravillo al ver quién soy. Ayúdame a hacer brillar mi luz de manera tal que otros puedan conocerte. Soy una mujer maravillada de saber que han sido tu gracia y tu obra en mí las que me han hecho digna. Amén.

Acojamos a la guerrera que llevamos dentro

Mantengamos firme la esperanza que profesamos, porque fiel es el que hizo la promesa. Preocupémonos los unos por los otros, a fin de estimularnos al amor y a las buenas obras.

Hebreos 10:23-24

¿Comprendes que como mujer de Dios eres una guerrera? Eres quien da un paso al frente usando su armadura cada día, y cabalgando con empeño y honor hacia los campo de batalla que se encuentran en todas partes. Incluso puedes sentirte como estando en campos minados, teniendo que calcular cada paso porque algo puede explotar en cualquier momento.

Acogiendo tu rol, madurando como mujer de valor, te encuentras constantemente en el centro de la acción. ¡Qué bueno que estás tan bien preparada y tan bien armada! ¿Cómo lo haces? Aferrándote fuertemente a la esperanza que tienes en Dios y confiando en sus promesas. Trabajas con diligencia para animar a otros a que se unan a la batalla, a que se levanten por todo lo que creen y a que alisten sus corazones. Te abres camino en los frentes de batalla del mundo sin temor, porque conoces el resultado y sabes que lo que haces marca la diferencia.

Al leer las Escrituras que te fortifican y elevar las oraciones que renuevan tu espíritu, ten en cuenta a tus hermanas en el campo, guerreras que están contigo compartiendo un gran espíritu de gozo.

Anímense mutuamente a hacer cosas aún mayores, y a ser más misericordiosas. Sean las primeras en perdonar, las primeras en amar, y las primeras en brindar ayuda con manos dispuestas. Esta es la armadura que les da seguridad en el frente de batalla.

Un pensamiento valioso

La perseverancia es hermana de la paciencia, hija de la constancia, hermana de la paz, cimiento de la amistad, lazo de la armonía y baluarte de la santidad.

Bernardo de Claraval

Señor, al derramar mi corazón hacia el trabajo que quieres que haga, recuérdame que nunca estoy sola en la batalla. Siempre estás ahí, guiándome, cuidándome y mostrándome el camino. Bendice a mis hermanas que en todas partes llevan adelante el desafío de tu amor para que sea visible a todo el mundo. Amén.

Una mujer de testimonio

Ustedes son la luz del mundo. Una ciudad en lo alto de una colina no puede esconderse. Ni se enciende una lámpara para cubrirla con un cajón. Por el contrario, se pone en la repisa para que alumbre a todos los que están en la casa. Hagan brillar su luz delante de todos, para que ellos puedan ver las buenas obras de ustedes y alaben al Padre que está en el cielo.

Mateo 5:14-16

¡Brilla! No puedes hacer otra cosa cuando tu corazón está encendido por la fuente de luz del universo. ¡Brilla porque para eso fuiste creada y brilla porque debes hacerlo!

Las mujeres suelen trabajar con la supuesta ilusión de que deben mantener sus dones y talentos en una vasija de barro. Confunden el significado de caminar «humildemente» junto a Dios con lo que significa hacer brillar su luz. Como todo lo demás, es cuestión de corazón y motivación. Si tu corazón está tan lleno de alegría que rebalsa sin importar lo que hagas, continúa brillando. Si te estás conteniendo porque no estás segura de que esté bien ser una luz en el mundo, lee nuevamente Mateo 5:14-16, hasta que realmente lo asumas.

Tú eres una luz, una mujer de testimonio. Eres la encarnación caminante del mensaje que Dios quiere dar al mundo entero. Te dio su luz para que otros puedan verte con claridad. Te la dio para que nunca te encuentres caminando en la oscuridad.

Pon una planta en tu vasija de barro y ubícala en la ventana. De esa manera ambas estarán en la luz y ofreciendo tus dones de radiante belleza al mundo.

Un pensamiento valioso

Un alma amante hace arder a otras.

Agustín de Hipona

Señor, ayúdame a mantener tu luz en alto esta semana. Ayúdame a entender que allí afuera hay alguien que te está buscando y que quizás yo sea el único medio que tenga para encontrarte. Déjame ser tu luz en el mundo. Amén.

• • • Semana 7 • • •

Una mujer dispuesta a servir

Por lo tanto, mis queridos hermanos, manténganse firmes e inconmovibles, progresando siempre en la obra del Señor, conscientes de que su trabajo en el Señor no es en vano.
1 Corintios 15:58

Las mujeres nacieron para servir. Los hombres nacieron para servir. Todos nacimos para servirnos mutuamente porque a eso nos llamó Dios. ¿Qué significa servir? ¿Debemos salir y encontrar un comedor de beneficencia, o colaborar en el cuidado de los niños en el servicio dominical? Tal vez, pero echemos un vistazo a qué otro significado puede tener el estar dispuestas a servir.

Para una mujer de gran valor, el servicio es una cuestión de actitud. Cuando servimos a otros e interiormente pensamos algo así como: «Estoy segura de que Dios está orgulloso de mí hoy. Mira todas las cosas buenas que estoy haciendo», tal vez nos sorprenda descubrir que hemos hecho las acciones correctas, pero olvidando agregar la actitud del corazón correcta. Cuando servimos y nos felicitamos por haberlo hecho, puede que hayamos estado «dispuestas» a servir, pero estuvimos mucho más interesadas en cumplir una obligación o asegurarnos de que otros sepan que hicimos nuestra parte.

Nuestra idea como mujeres dispuestas a servir debe ser que sin importar qué, ni dónde, ni para quién, solo podemos denominarlo «servicio» si lo hacemos con el espíritu correcto. Si estamos sirviendo a Dios, todo lo que hagamos debe ser hecho en amor. Si estamos sirviendo en amor, ni siquiera nos detendremos a pensar acerca de qué tan bien estamos. ¿Ves la diferencia?

Servirnos unos a otros en amor es un trabajo que dura toda la vida. Lo interesante es que cuando hacemos todo en amor, la acción de servir deviene secundaria. ¡Estemos siempre dispuestas a servir a Dios de todas las formas posibles!

Un pensamiento valioso

Al mirar atrás en tu vida, encontrarás que los momentos que sobresalen son siempre aquellos en los que hiciste algo por los demás.

Henry Drummond

Querido padre, al servirte esta semana, ayúdame a encontrar fortaleza en tu Espíritu para brindar mayor amor a los demás. Ayúdame a priorizar las necesidades de quienes me rodean, sabiendo con total certeza que al ocuparme de su bienestar, tú gentilmente te ocupas del mío. Gracias, Señor. Amén.

Una adoradora

Del Señor es la tierra y todo cuanto hay en ella,
el mundo y cuantos lo habitan;
porque él la afirmó sobre los mares,
la estableció sobre los ríos.
Salmos 24:1-2

La adoración tiene muchas formas. Ya sea que estemos en la iglesia, en casa o manejando, siempre podemos encontrar una manera de adorar. ¿Por qué? Porque la adoración brota del corazón. Se trata de adorar, alabar, amar y atesorar lo que sabemos y entendemos con el espíritu. Se trata de devolver algo a Dios de un modo que demuestre que estamos asombradas por todo lo que ha hecho por nosotras.

El salmista nos recuerda que «Del Señor es ... el mundo y cuantos lo habitan». Eso significa que la adoración sucede en cada pueblo, ciudad y comunidad alrededor del mundo donde los corazones estén volcados hacia el Creador. La adoración no es algo que simplemente hacemos, sino que en gran parte demuestra quiénes somos. Somos seres que han sido instruidos para amar, disfrutar y emocionarnos con los dones de la vida. Somos parte de un todo mayor que le pertenece a Dios.

«Del Señor es la tierra y todo cuanto hay en ella». Esa declaración es inequívoca. No deja espacio para una segunda interpretación. Es una verdad, y mientras más nos apropiemos de esa verdad, más podremos adorar con un gozo real. La sentiremos en las cumbres de las montañas, en las orillas de los ríos y en los santuarios de nuestros corazones e iglesias.

Seremos verdaderos adoradores al comprender, cada día un poco mejor, que la adoración es una piedra fundamental en nuestra vida. Una mujer de valor adora con todo su corazón, toda su mente y toda su alma.

Un pensamiento valioso

El fin que debemos perseguir es llegar a ser en esta vida los adoradores de Dios más perfectos que podamos ser, los adoradores que esperamos ser durante toda la eternidad.

Hermano Lorenzo

Señor, que pueda dedicarme a ti y a adorarte con un espíritu de amor y gozo proveniente de un corazón agradecido por los muchos dones que le has concedido. Amén.

• • • *Semana 9* • • •

Una mujer de palabras acogedoras

Es muy grato dar la respuesta adecuada,
y más grato aún cuando es oportuna.

Proverbios 15:23

Las palabras son importantes. Lo que dices hace la diferencia. Toma un momento y reflexiona sobre dos cosas. Piensa en alguna situación en la que alguien te dijo algo completamente erróneo. Sus palabras te dejaron tambaleando del impacto que te causaron. Quedaste profundamente herida, decepcionada y casi devastada.

Ahora, piensa en otra situación en la que alguien te dijo algo sorprendente, pero por su bondad, amor y por el efecto que tuvo, aunque sea temporariamente, para transformarte de tal modo que la vida parecía mejor o más prometedora. Las palabras son importantes.

¿Por qué es tan difícil controlar la lengua?

¿Por qué arrojamos con tanta verborragia flechas y lanzas de descontento, solo para verlas caer en nuestro propio umbral? Lo que decimos proviene de lo que pensamos, y aun cuando las palabras son habladas irreflexivamente, en algún lugar de nuestro interior albergamos el veneno generó esas palabras negativas. ¿Cómo detenemos el circuito de pensamientos negativos y palabras desconsideradas?

En parte, examinando nuestras motivaciones. Buscamos entendimiento en nuestro interior, en lo que gatilla una reacción negativa. Si lo encontramos, estar más conscientes y manejarlo mejor, como para ser más consideradas en situaciones futuras.

Sabemos el bien que produce decir lo correcto en el momento apropiado. Como mujer de valor, es bueno examinar tus motivaciones. Es bueno hablar bien de otros.

Un pensamiento valioso

Las palabras que no procuran la luz de Cristo no hacen más que aumentar la oscuridad.

Madre Teresa

Señor, hazme consciente de mis palabras. Ayúdame a ser considerada con los demás y a poner sus necesidades delante de las mías. Ayúdame a decir la palabra justa en el momento preciso. Amén.

• • • Semana 10 • • •

El don de ser mujer

Decidida se ciñe la cintura
y se apresta para el trabajo.
Se complace en la prosperidad de sus negocios,
y no se apaga su lámpara en la noche.
Con una mano sostiene el huso
y con la otra tuerce el hilo.
Tiende la mano al pobre,
y con ella sostiene al necesitado.
Proverbios 31:17-20

A veces es difícil para las mujeres definir su «trabajo» porque están en un estado de ocupación constante. Como reza el proverbio, son enérgicas, fuertes y trabajan duro. Sin importar si tienen o no un empleo fuera de tu casa, eres una mujer ocupada que trabaja constantemente por el bien de quienes la rodean.

Si, como la mujer de proverbios, estás sosteniendo tu huso, te aplaudimos. Si no, sin duda tienes infinidad de tareas mientras que haces las compras tratando de balancear las ofertas con una dieta nutritiva, juntando las medias tiradas en el piso de la casa y poniendo ropa a lavar, ordenando detrás de todos los que parecen perder las medias en el piso o los trastos en el fregadero.

Tu trabajo parece que no tiene valor para los demás. Alguien, en algún lugar, te busca para que lo ayudes, alientes o muestres tu bondad. Pareciera que cuando Dios define nuestro trabajo, mira más allá de lo que hacemos para generar ingresos, mira los dones que hacemos llegar a otros a través de la gracia que compartimos por nuestra fe.

Él trabaja a través de tus manos, de tu inteligencia, de tu corazón y de tu deseo de dar. Como mujer de gran valor, tu trabajo es un regalo para todos los que te rodean.

Un pensamiento valioso

Trabaja con todas tus fuerzas, pero nunca confíes en tu trabajo. Ora con todas tus fuerzas para obtener la bendición de Dios, pero al mismo tiempo trabaja con toda diligencia, toda paciencia y toda perseverancia.

George Müller

Señor, bendice el trabajo de mis manos, para que pueda hacer buenas obras para ti. Bendice el trabajo de mi corazón, para que otros puedan desear conocerte más. Amén.

Una mujer sin preocupaciones

«Por eso les digo: No se preocupen por su vida, qué comerán o beberán; ni por su cuerpo, cómo se vestirán. ¿No tiene la vida más valor que la comida, y el cuerpo más que la ropa?»
Mateo 6:25

¿No sería maravilloso levantarse cada mañana sin que nada nos importe, sin ningún tipo de preocupación? Me pregunto si te ayudaría a preocuparte menos el comprender realmente lo mucho que vales para Dios.

El versículo de Mateo que acabas de leer continúa recordándote que Dios tiene cuidado aun de las aves y las flores. Los pájaros no surcan los cielos de las praderas preocupados. Saben que Dios los alimentará. Las flores no se preocupan por ser hermosas. Saben que nacieron para serlo.

Esta cita sigue con la pregunta «¿Quién de

ustedes, por mucho que se preocupe, puede añadir una sola hora al curso de su vida?» (Mateo 6:27). Por supuesto, nadie.

Si realmente lo piensas, si en verdad crees que de algún modo eres más importante para tu Creador que las aves y las flores, ¿qué deberías hacer con la preocupación? Quizás deberías mirarla directo a la cara y ver qué te está robando.

No solo no agrega ni una hora a tu vida, sino que te roba preciosos momentos. Está quitándote el ahora, que es perfectamente hermoso, y tratando de engañarte con un «que pasaría si…» acerca del futuro. Tú pierdes, y la preocupación gana.

Pon en práctica vivir en momentos de confianza y gozo, teniendo la seguridad de que Dios te ama, te perdona y solo quiere el bien para tu vida. Después de todo, Dios es bueno. No puede desear otra cosa para ti. Cada vez que veas un pájaro o una flor, recuerda la promesa que te has hecho de vivir el momento, libre de preocupaciones.

Recuerda también que Dios ha prometido vestirte, alimentarte y ocuparse de todas tus necesidades.

Un pensamiento valioso

El mañana tiene dos asas: el asa del temor y el de la fe. Puedes tomarlo por cualquiera de ellas. ¿Cuál escogerás hoy?

Amado Señor, gracias por haberme creado como soy. Gracias por la abundancia que he disfrutado desde el día en que nací. Sé que he tenido esta abundancia porque he vivido en tu cuidado y amor. Ayúdame a aferrarme a tus promesas y dejar atrás las preocupaciones. Amén.

Transformándote en una mujer de gran valor

Te estás transformando cada día en una mujer de gran valor, al esperar y caminar con amor, pidiendo sabiduría, dispuesta a servir, adorando al Dios de los cielos. Te vas convirtiendo en una mujer de valor cada vez que das testimonio, luchas por el bien, y trabajas para dar y compartir. Cada día te acercas más a ser una mujer de gran valor. Dios te ama mucho más de lo que crees, te bendice, cuida, comparte tu carga y se regocija viéndote crecer.

VALOR

Ser una mujer de gran VALOR significa
que eres un diseño original.
Estás dispuesta a la conducción de
Dios y obedeces sirviéndole.
Organicemos nuestros pensamientos
en torno a este objetivo y veamos qué
significa ofrecerle continuamente a Dios
nuestras mentes y corazones sinceros.
También es tiempo de comprender lo que
significa ser una creación original, ser lo
que Dios tuvo en mente al crearte.

Eres original

Tus ojos vieron mi cuerpo en gestación:
todo estaba ya escrito en tu libro;
todos mis días se estaban diseñando,
aunque no existía uno solo de ellos.
¡Cuán preciosos, oh Dios, me
son tus pensamientos!
¡Cuán inmensa es la suma de ellos!
Si me propusiera contarlos,
sumarían más que los granos de arena.
Y si terminara de hacerlo,
aún estaría a tu lado.
Salmo 139:16-18

No importa cuales hayan sido las circunstancias de tu nacimiento, si tus padres te planificaron o no, eres una obra original, y Dios te había planificado, aun antes de que nacieras. Él sabe todo acerca de ti, y como nos dice el salmista, él tiene tantos pensamientos preciosos para ti, que ni siquiera puedes enumerarlos.

¡Imagínate eso! Los pensamientos de Dios

para ti sobrepasan cualquier medida. Él considera que eres totalmente preciosa. ¿Puedes captar eso? Cuando tus pequeños dedos apenas se entrelazaban entre los de tu madre, él estaba presumiéndote, sabiendo todo lo que llegarías a ser y todo lo que podías ser. ¡Eres una pieza original! ¡Eres su diseño exclusivo! No existe absolutamente nadie que sea igual a ti, ni siquiera si tienes un hermano gemelo. Hay un único tú y eso significa que para tu Padre celestial vales más de lo que cualquier mente humana pueda comprender.

Al despertar cada nuevo día, o acoger una nueva semana, agradece a Dios por ser exactamente la persona que eres. Pídele que él guíe tus pasos en el camino para convertirte en una mujer de valía, en las formas que él pensó solo para ti. Ya eres una mujer de gran valor en su corazón.

Un pensamiento valioso

Las obras más grandes son hechas por las individualidades. Los cientos no suelen hacer mucho; las compañías, nunca. Son las unidades, los simples individuos quienes tienen el poder y la fuerza. La gran cosa es, después de todo, el esfuerzo individual.

Charles H. Spurgeon

Querido Señor, me regocija saber que me conoces tan bien. Gracias por amarme, caminar conmigo y sostener mis esfuerzos en este mundo. Ayúdame a ser realmente una sierva original, una individua única, que crece, aprende y comparte los dones que le has dado. Amén.

Una mujer ordenada

Procurar vivir en paz con todos [...]
ocuparse de sus propias responsabilidades y
[...] trabajar con sus propias manos. Así
les he mandado, para que por su modo de
vivir se ganen el respeto de los que no son
creyentes, y no tengan que depender de nadie.
1 Tesalonicenses 4:12-13

Es interesante considerar lo que significa ser una mujer «ordenada». También es interesante imaginar la relación entre ser «ordenada», las cosas de Dios y llegar a ser una mujer de gran valor.

Si observo mi oficina hoy, podría preguntarme si alguna vez seré una mujer «ordenada», y sin embargo, pienso que este atributo es mucho más que ordenar nuestras prioridades o poner nuestras vidas en orden.

Cuando vives con el deseo de hacer todas las cosas de un modo paciente y ordenado, estás más cerca de convertirte en una verdadera mujer de valor.

Estos versículos de 1 Tesalonicenses hablan acerca de vivir una vida en paz y ocuparse de los propios asuntos. Hablan acerca de hacer cosas con tus manos, tal vez artes y oficios, o coser, u hornear pastel de manzana. Se trata de vivir de un modo que los otros respeten. O aun más que eso, se trata de vivir de un modo que los demás consideren deseable. El beneficio pareciera ser que todo lo que necesitas te será provisto, y nunca tendrás que preocuparte de tus finanzas. Es algo importante tener orden en tu vida.

Si tu casa ya está ordenada y tu escritorio luce inmaculado, quizás no necesites observar tu ambiente físico para tener un indicio de cómo estás al respecto. Tal vez necesites evaluar si tu vida emocional está en orden. «Vivir en paz» se trata, entre otras cosas, de vivir con esperanza y tranquilidad, de modo tal que al tener tranquilidad interior puedas sacar el mayor provecho de cualquier día. Haz hoy un pequeño inventario personal y averigua si necesitas poner algún área de tu vida en orden.

Un pensamiento valioso

Logra primero estar tú en paz, y luego podrás hacer que otros lo estén. Una mujer pacífica y paciente es más beneficiosa para ella y para los demás que una mujer instruida que no tiene paz.

Adaptado de Tomás Kempis

Señor, ayúdame a ordenar mi vida de tal modo que quienes me observen vean tu paz y paciencia y no mi caos y agitación. Que pueda aquietar y ordenar mis momentos para que mi experiencia diaria sea de mayor gozo y paz. Amén.

Una mujer obediente

Si se conducen según mis estatutos, y obedecen fielmente mis mandamientos, yo les enviaré lluvia a su tiempo, y la tierra y los árboles del campo darán sus frutos; la trilla durará hasta la vendimia, y la vendimia durará hasta la siembra. Comerán hasta saciarse y vivirán seguros en su tierra.

Levítico 26:3-5

¿Qué es lo que la mayoría de nosotros anhela más que nada en esta vida? Queremos tener la certeza de que nada nos faltará y de que estaremos seguros. Queremos saber que alguien está mirando y ocupándose de nuestras necesidades.

Cuando Dios habló a los antiguos hebreos acerca de obedecer su ley, les prometió que sería su proveedor, y no sólo dándoles apenas lo suficiente para subsistir, sino multiplicando sus cosechas de modo tal que no supiesen que hacer con tanta abundancia.

Tú y yo estamos muy lejos de tener tanto que no sepamos qué hacer con tanta abundancia, pero tenemos un Proveedor, y estamos protegidas bajo el cuidado de nuestro Padre. Cuando surge el temor, quizás necesitamos observar si nos estamos quedando cortas en lo que a obediencia respecta. ¿Dónde nos equivocamos y permitimos que entre el temor? Solo puede entrar si le damos el espacio para hacerlo.

Como una mujer de valor obediente tienes la promesa de que estarás protegida y provista todos los días de tu vida. Comerás y estarás satisfecha; disfrutarás de la cosecha de los dones de Dios. Al venir la tentación, toma un momento para descubrir cuáles pueden ser las consecuencias. Si te alejas de los límites de los hermosos brazos que te sostienen cada día con cuidado protector, descubrirás que el precio a pagar es demasiado alto.

Analízalo con el corazón, es tu válvula de seguridad. La obediencia consiste en permanecer dentro del cariñoso abrazo de aquel que te cuida y se preocupa por ti más de lo que nadie podrá hacerlo jamás.

Un pensamiento valioso

Ser cristiano y estar convencido de la veracidad de la Biblia no requiere gran aprendizaje. Solo requiere un corazón honesto y la disposición para obedecer a Dios.

Albert Barnes

Amado Señor, mi corazón desea estar en total obediencia a tu voluntad y propósito para mi vida. Ayúdame a entender y aceptar la totalidad de lo que implica permanecer obediente a ti en todo lo que hago. Amén.

Una mujer con oportunidades maravillosas

Más bien, honren en su corazón a Cristo como Señor. Estén siempre preparados para responder a todo el que les pida razón de la esperanza que hay en ustedes. Pero háganlo con gentileza y respeto, manteniendo la conciencia limpia, para que los que hablan mal de la buena conducta de ustedes en Cristo, se avergüencen de sus calumnias.
1 Pedro 3:15-16

¡Caramba! ¡Qué pasaje más maravilloso! Tenemos la bendición de una oportunidad inmensurable casi a cada momento. ¿Cuál es esa oportunidad? Es la posibilidad de llevar esperanza a la vida de alguien más. Como mujer de valor, tu esperanza en Cristo es clara como el cristal. Es evidente en todo tu ser. Está ahí porque lo honras en todo lo que haces.

¿Cómo logras esto? Estando pronta para compartir tu corazón, pensamientos y fe cuando alguien pide ayuda, y a veces, aun cuando no la pide con palabras, sino con sus actos. Haces brillar tu luz y con bondad y respeto iluminas tu entorno de modo tal que otros pueden ver tu esperanza permanente. Mientras más haces esto, más oportunidades gozosas te brinda Dios.

Tengo una hermana que siempre me expresa su inquietud acerca de si estará haciendo lo que Dios desea que haga. Realmente es una mujer de oración muy fiel, que dobla sus rodillas casa vez que la adversidad golpea su vida.

Luego de decirme lo que debería hacer, me comenta sus historias personales al testificar del amor de Dios a algún compañero de trabajo y de la bendición evidente que sobrevino a partir de las palabras que ella compartió. Eso es aprovechar una oportunidad y crear un momento para que Dios pueda actuar.

Compartes tu historia y la historia de Cristo y alguien querrá conocer más al respecto. Ese es el ministerio del amor. Una mujer de valor es una ministra constante, abrazando a otros, compartiendo su bondad, honrando a Dios. Seamos todas hermanas en ese aspecto.

Un pensamiento valioso

Si no estás encendiendo ninguna vela,
no te quejes de la oscuridad.

Anónimo

Señor, abre mis ojos a las oportunidades de compartir tu esperanza con otros. Ayúdame a ver cuando has abierto la puerta y alguien está cerca de mí sosteniendo una vela que necesita ser encendida. Ayúdame a tener siempre una luz conmigo, y estar atenta. Amén.

Una mujer positiva

Ser renovados en la actitud de su mente; y ponerse el ropaje de la nueva naturaleza, creada a imagen de Dios, en verdadera justicia y santidad.
Efesios 4:23-24

Es un hermoso mundo para contemplar,
o es sombrío en cada rincón.
Lo que debe ser en su penumbra o
esplendor depende solo de ti.
Anónimo

Tu actitud lo es todo. La razón por la cual tres mujeres pueden ir a la misma fiesta y volver a sus hogares con percepciones totalmente diferentes de esa experiencia, es en gran parte debido a una cuestión de actitud. ¡Una la pasó de maravillas, la otra abrió su corazón y la tercera consideró que todo el asunto fue bochornoso! El sentirte bien luego de escuchar un sermón, o irte a tu casa con la sensación de que no aprendiste nada, también se debe en gran parte a lo que tus oídos están dispuestos a recibir… Actitud.

Una mujer de gran valor es aquella que tiene una mirada positiva del mundo y está dispuesta para bendecir a quienes la rodean. Una mujer de valor ha modificado su modo de pensar, no centrándoce en sí misma, sus necesidades y opiniones, sino abriendo su corazón a todo lo posible. Aun cuando lo posible se encuentra muy distante, ella sabe que su actitud hace la diferencia al transitar este posible largo camino. Cuando cambias tu manera de pensar, te conviertes en una persona nueva.

Norman Vincent Peale nos recuerda: «Cambia tus pensamientos, y cambiará tu mundo». La mayoría de nosotras no examinamos el por qué pensamos del modo en que lo hacemos, y a veces ni siquiera pensamos antes de responder. Adoptar las actitudes de otros vale la pena si vives en una familia o cultura que lo requiera, pero aun así, tu experiencia personal en todo lo que es la vida te invita a rever tus pensamientos y determinar tu curso. Si permites que el Espíritu te ayude a moldear tus pensamientos y actitudes, verás al mundo desde un punto de vista totalmente nuevo.

La actitud de Dios hacia nosotros, muchas de las veces a pesar nuestro, es de amor. ¿Puede, entonces, ser diferente nuestra actitud hacia los demás? Una mujer de valor tiene una actitud de amor.

Un pensamiento valioso

Hoy puedo elegir entre quejarme porque tengo que hacer tareas domésticas, o sentirme honrada porque el Señor me ha provisto de refugio para mi mente, mi cuerpo y mi alma. El hoy se despliega delante de mí, esperando ser moldeado. Y aquí estoy, como una escultora en formación. Como sea, hoy depende de mí. ¡Yo escojo qué tipo de día tendré!

Señor y Dios, ayúdame a servir, y ver al mundo con un espíritu de amor, sostenida por una actitud de alegría por todo lo que tengo en ti. Amén.

Una mujer de manos y corazón generosos

El que es generoso prospera;
el que reanima será reanimado.
Proverbios 11:25

La mayoría de nosotras disfruta de las cosas lindas que hemos acumulado con el tiempo. Tenemos tesoros especiales que nos alegran, los cuales hemos adquirido al visitar tierras extranjeras, o que nos obsequiaron nuestros hijos o nuestros cónyuges en nuestro aniversario. Estamos agradecidas por haber sido tan bendecidas.

En la medida en que entendemos mejor el significado de adquirir posesiones y el significado de dar, quizás podamos ver que el Espíritu de Dios nos ofrece aun más maneras de contemplar esas bendiciones. Podemos aferrarnos a nuestros tesoros especiales para siempre y sacarlos cuando viene un nuevo visitante, compartiéndolos con frecuencia. O podemos esconderlos, esperando que nunca nadie pueda quitárnoslos. El desafío es entender la diferencia entre poseer algo, o ser poseída por ello. Se nos ha dicho que donde está nuestro tesoro, allí está nuestro corazón.

Ya sea que tengamos abultadas o pequeñas cuentas de banco, muchas o pocas posesiones, el problema continúa siendo el mismo. La generosidad es el requisito del Espíritu. Cuando somos generosas con otros, no solo les hacemos bien a ellos, sino también a nosotras mismas. El dar trae gozo.

Las mujeres suelen ser francas y generosas. Dan voluntariamente sus servicios, sus habilidades, su tiempo y su amor. Las mujeres de valor dan un paso más. Se dan voluntariamente ellas mismas con un corazón de total agradecimiento porque saben que todo lo que tienen solo es prestado. Sus posesiones son regalos generosos de Dios. Estos dones son para ser compartidos. Que esta semana sea de ronovación para tu alma y tu espíritu.

Un pensamiento valioso

Quien cierra su mano ha perdido su riqueza, quien la abre recibe doblemente lo prometido.

George Herbert

Señor, has sido muy generoso conmigo. Ayúdame a devolverte algo de lo que me has dado, teniendo hoy en mente el ser generosa. Amén.

Una supervisora amable

Cuando habla, lo hace con sabiduría;
cuando instruye, lo hace con amor.
Está atenta a la marcha de su hogar,
y el pan que come no es fruto del ocio.
Proverbios 31:26-27

Ya sea que trabajes desde tu hogar todo el día, o vayas a una oficina, probablemente seas la principal supervisora de tu hogar. El rol de ama de casa es una posición honorable, que siempre ha sido tenida en estima desde los tiempos bíblicos hasta el día de hoy. Quien supervisa un hogar hace más que simplemente asegurarse de que se hagan las compras y se preparen las comidas.

Eres tú quien establece el tono de tu hogar. El modo en que cocinas, limpias y atiendes a tu familia, y la manera en que amueblas, decoras y mantienes tu casa crea la atmósfera que todos los demás llegan a conocer y respetar.

El viejo dicho de que la mujer es el «corazón» del hogar es aún muy vigente en nuestros días. Como mujer de valor, puedes regocijarte brindando tu corazón, bondad y sabiduría a todos los que entren por tu puerta.

Un supervisor, sea de lo que sea, siempre tiene que elegir entre opciones. Ya sea que supervises una oficina, un equipo de fútbol o una mesa de almuerzo, puedes elegir entre hacerlo con amor y respeto o de cualquier otro modo.

La mujer de Proverbios siempre eligió el amor porque esa fue la regla mediante la cual hizo todas las cosas. La mujer de hoy tiene la misma posibilidad de elección. ¿Cómo vas a supervisar las cosas que Dios puso en tus manos?

Un pensamiento valioso

Cuiden como pastores el rebaño de Dios que está a su cargo, no por obligación ni por ambición de dinero, sino con afán de servir, como Dios quiere. No sean tiranos con los que están a su cuidado, sino sean ejemplos para el rebaño. Así, cuando aparezca el Pastor supremo, ustedes recibirán la inmarcesible corona de gloria.

1 Pedro 5:2-4

Señor, me has confiado el cuidado de mi familia, mis amigos, y en ocasiones hasta extraños. Ayúdame a ser de bendición para aquellos que comparten mi hogar y mi corazón. Amén.

Una mujer con descendencia

Instruye al niño en el camino correcto,
y aun en su vejez no lo abandonará.
Proverbios 22:6

Los hijos son una oportunidad maravillosa para seguir aprendiendo. Como mujer de gran valor estás aprendiendo, creciendo y transformándote constantemente. Estás lista para guiar, compartir y sembrar sueños que ayuden a generar un futuro seguro y brillante.

Ya sea que tengas tus propios hijos, que hayas ayudado a criar a tus hermanos, o colabores con la crianza de los niños de tu vecindario, sabes lo que implica y significa «instruir al niño en el camino correcto». Jesús les recordó a los adultos de sus días que él deseaba que los niños se acercaran a él. Incluso, dijo que el reino de Dios pertenece a los niños. También mencionó que debemos recibir el reino de Dios como lo haría un niño. ¿Qué significa eso? ¿Cómo recibes el reino de Dios en tu propia vida?

Tu naturaleza aniñada es una parte importante de quien eres. Quizás estamos hechas para no superar nunca el modo inocente de confiar y deleitarnos en conocer a Dios. Tal vez recibamos el reino de este modo cada día. Si alguna vez notaste la diferencia entre el modo en que te sientes cuando entregas tu día al Señor completamente, y cómo te sientes cuando el adulto que hay en ti intenta tener todo bajo control, podrás captar un atisbo de lo que intentamos alcanzar.

Considera esto. Hoy, sin importar tu adultez, al ser descendencia de Dios, y recibir su reino como una niña, fluirán las bendiciones en tu vida.

Un pensamiento valioso

Los hijos suelen estar a la altura de lo que los padres piensan acerca de ellos.

Lady Bird Johnson

Amado Padre, por favor ayúdame a estar a la altura de lo que crees acerca de mí. Ayúdame a entender el modo pleno en que me amas y el bien que deseas para mi vida. Te recibo hoy como tu hija amada. Amén.

El envejecimiento de una mujer

Más bien, crezcan en la gracia y en el conocimiento de nuestro Señor y Salvador Jesucristo. ¡A él sea la gloria ahora y para siempre! Amén.
2 Pedro 3:18

La mayoría de nosotras no acepta con agrado la idea de envejecer. Hemos crecido en una cultura que premia la juventud, la energía y la actividad constante. Estamos en una cultura que se niega a dejarnos envejecer porque podemos lucir como de 35 aun a los 50. Podemos hacernos un rejuvenecimiento facial, teñir nuestro cabello, hacer ejercicios cada mañana y encima, dirigir una gran compañía. En algún lugar perdimos el respeto que solía venir con un poco de canas y una disminución en la flexibilidad del torso.

Si vamos a crecer en la gracia y el conocimiento del Señor, como lo menciona Pedro en el versículo precedente, solo tenemos una alternativa. Debemos crecer en mente, espíritu y cuerpo, y entender la bendición que viene con el paso del tiempo. Debemos honrar nuestras grises cabelleras y agradecer a Dios por las oportunidades que nos ha dado de crecer, madurar y cambiar para bien. Pocas de nosotras quisiéramos volver a nuestra juventud, porque hemos trabajado demasiado duro para alcanzar el conocimiento acerca de la vida, el amor y el Espíritu que tenemos hoy.

Como mujer de valor, estás creciendo constantemente. Creces en edad, sabiduría y belleza con el paso de cada día. Estás creciendo en el favor especial de Dios porque te pareces más y más a él. Sé agradecida por cada día y cada momento en los que eres su luz en el mundo. ¡Continúa brillando mucho más allá de tus días!

Un pensamiento valioso

Ella simplemente está avanzando en la vida. Su corazón se está enterneciendo, su sangre entibiando, su cerebro acelerando y su espíritu entrando en vital paz.

John Ruskin (adaptación)

Señor, ayúdame a regocijarme en los años que me has dado, y agrega gracia, paz y misericordia a mis días. Gracias por todo lo que he aprendido y todo lo que he vivido para semejarme más a la mujer que tu anhelas que sea. Amén.

Transformándote en una mujer de gran valor

Te estás transformando en una mujer de gran valor cada día, abriendo tu mente y corazón, creciendo en amor mientras amablemente combinas el cuidado de tu familia y de tu trabajo. Cada día te asemejas más a una mujer de valor, al esforzarte por compartir los extraordinarios dones que recibiste, y al velar por los hijos que están a tu cuidado. Te estás convirtiendo en una mujer de gran valor, que tiene una mirada positiva y sabe que mientras más madura es, más opciones tiene de ser bendecida con un espíritu que crece.

VALOR

Transformarte en una mujer de VALOR, refresca tu aspecto diariamente, renueva tu espíritu desde el interior y te recuerda todo lo que Dios ya ve en ti. Al caminar junto a él, ábrele tu corazón y regocíjate en él, de modo que puedas llegar a ser una más radiante, redimida y destacada mujer de valor.

• • • *Semana 21* • • •

Una mujer razonable

Escuchen, habitantes de Judá y de Jerusalén, y escuche también Su Majestad. Así dice el Señor: "No tengan miedo ni se acobarden cuando vean ese gran ejército, porque la batalla no es de ustedes sino mía. Mañana, cuando ellos suban por la cuesta de Sis, ustedes saldrán contra ellos y los encontrarán junto al arroyo, frente al desierto de Jeruel. Pero ustedes no tendrán que intervenir en esta batalla. Simplemente, quédense quietos en sus puestos, para que vean la salvación que el Señor les dará. ¡Habitantes de Judá y de Jerusalén, no tengan miedo ni se acobarden! Salgan mañana contra ellos, porque yo, el Señor, estaré con ustedes".

2 Crónicas 20:15-17

Quizás te preguntes por qué escogí esta porción particular de sabiduría de las Escrituras, para reflexionar acerca de la «razón».

La elegí porque la mayor parte del tiempo, como mujeres de valor, tratamos de encontrarle sentido al mundo que nos rodea. Tratamos de entender lo que sucede, aplicarle nuestra fe y continuar con nuestros asuntos. En ocasiones, sin embargo, esto nos resulta abrumador. A veces, sin ninguna razón, nos encontramos enfermas, sin empleo o en medio de una tragedia familiar, y nada tiene sentido.

Esta segunda parte de Crónicas nos recuerda un número de cosas. Una es, simplemente, que no debemos temer. Incluso cuando la batalla parezca más grande de lo que jamás podríamos enfrentar, no debemos desanimarnos. La batalla no es nuestra, sino de Dios. Podemos estar viendo al enemigo subiendo por la colina, o acampando en nuestro derredor, o en nuestra cuenta bancaria, o en las vidas de nuestros hijos, pero aun así no tenemos razones para temer. Solo tenemos una cosa por hacer. ¿Pelear? No. Tenemos que, asumir nuestra posición y permanecer quietas. Observar la victoria del Señor.

¿Cómo asumes tu posición? Poniendo tu razón, tu corazón preocupado y tus problemas en el único lugar en el que pueden resolverse con seguridad. Puedes asumir la posición de que Dios está peleando por ti. Observar la victoria que solo él conseguirá al estar contigo a través de cada suceso y cada desafío que enfrentas.

Que el enemigo no te confunda. Permanece quieta y firme en la fe. ¡Dios está contigo y te ama, y esa es una razón suficiente!

Un pensamiento valioso

La razón es el mayor enemigo que tiene la fe;
nunca viene en ayuda de las cosas espirituales,
por el contrario lucha contra la palabra divina,
tratando con desdén todo lo que emana de Dios.

Martín Lutero

Señor, ayúdame a entender que el razonamiento es importante, pero que tú ocupas un lugar aún mayor, porque en ti todo es posible. Sin importar cuán activos estén mis enemigos rodeando mi puerta, recuérdame que tú siempre serás el centinela. Amén.

Una mujer responsable

El que es bueno, de la bondad que atesora en el corazón saca el bien, pero el que es malo, de su maldad saca el mal. Pero yo les digo que en el día del juicio todos tendrán que dar cuenta de toda palabra ociosa que hayan pronunciado. Porque por tus palabras se te absolverá, y por tus palabras se te condenará.

Mateo 12:35-37

Las mujeres son responsables. Dios nos creó como personas que son grandes cuidadoras, contribuyentes responsables de la sociedad y líderes en el hogar y la comunidad. Según Mateo, sin importar dónde estemos o lo que hagamos, somos responsables por lo que decimos.

Al igual que yo, quizás te sientas una punzada incómoda al leer este pasaje de Mateo acerca de dar cuenta por cada palabra ociosa que hayas pronunciado. Esto me lleva a hacer una pausa, y a ponerme de rodillas. Me lleva a acercarme al trono de Dios para pedirle que cree en mí un corazón que anhele hablar bien de otros, a otros y a mí misma. Lo que decimos, importa.

Dios creó el mismísimo universo con la frase: «Que haya luz». Si lo que decimos es energía creativa debemos tomar conciencia de la increíble responsabilidad de las palabras.

Una mujer de valor habla con responsabilidad. Eres dueña de lo que dices y debes estar preparada para editarte a ti misma casi a cada momento. El ego es fuerte e incluso puede ser un enemigo para tu espíritu. Tu ego quiere que el mundo gire a tu alrededor. El Espíritu quiere que el mundo gire en torno de Dios. Cuando tus palabras provienen de un buen corazón, suceden cosas buenas. Cualquier otra palabra requiere de tu compromiso para buscar perdón y un cambio.

Esta es un área de responsabilidad que no depende de tu posición, de tus finanzas o de tu geografía. Simplemente proviene de tu corazón. Puedes ser la voz del amor en un mundo hambriento de afecto.

Un pensamiento valioso

Manéjalas con cuidado, pues las palabras tienen más poder que las bombas atómicas.

Pearl Strachan

Amado Señor, recibo con temor y humildad la increíble responsabilidad de las palabras. A pesar de que por naturaleza me esfuerzo para decir cosas buenas y apropiadas a los demás, reconozco que es una lucha de todo los días. Perdona mi ceguera y ayúdame a servir a tu verdad con cada palabra que sale de mis labios. Amén.

Una mujer respetuosa

Den a todos el debido respeto: amen a los hermanos, teman a Dios, respeten al rey.
1 Pedro 2:17

Seguramente, desde niña tus padres y maestros aspiraban a que aprendiera a honrar y respetar a los demás. A veces, la idea de respeto iba asociada con el temor. Aprendiste a respetar una estufa caliente o a un perro ladrando, y aprendiste a respetar a quienes están en autoridad. Si fuiste afortunada, aprendiste a respetar de un modo a tus mayores.

En el mundo de hoy, el respeto parece casi olvidado. Los políticos se fastidian unos a otros, usualmente humillándose y despreciándose mutuamente con el fin de obtener nuestros votos. Quienes están en autoridad en nuestras congregaciones abusan de sus posiciones de poder provocando que nos preguntemos por qué creímos en sus roles y su bondad. Los padres decepcionan a los hijos, los amigos se decepcionan entre sí, y maridos y esposas difícilmente saben por dónde empezar para comunicar honor y respeto al otro.

Aunque todo el mundo pueda estar dando tumbos en el planeta, prácticamente sin respetar la vida misma, una mujer de valor ha sido llamada para tener una mirada diferente y un propósito más admirable. Has sido llamada para respetar a todos y para mostrar un amor especial al pueblo de Dios. Has sido llamada para honrar a Dios e incluso respetar a los gobernantes, que son la autoridad aquí en la tierra. Imagina un mundo en el que todos respetaran sus diferencias. Imagina honrar a aquellos con quienes tal vez no coincidas. Imagina sentir que otros te honran y respetan.

El respeto puede hacer una gran diferencia. Esta es un área en la que no tienes que esperar a que el mundo actúe. Simplemente tienes que ponerla en práctica en cada aspecto de tu vida y ver cómo suceden cosas hermosas.

Un pensamiento valioso

Sin respeto, el amor no puede ir muy lejos,
o elevarse; es un ángel con una sola ala.
Alejandro Dumas

Señor Jesús, te doy honor con mi vida
y oro para que me ayudes a honrar a
todos aquellos con los que me encuentre.
Ayúdame a respetar y honrar el derecho
a creer, aun de aquellos cuya ideología y
filosofía difieren de las mías. Ayúdame a
mostrar tu amor en todo momento. Amén.

Una mujer recta

Hagan todo esto estando conscientes del tiempo en que vivimos. Ya es hora de que despierten del sueño, pues nuestra salvación está ahora más cerca que cuando inicialmente creímos. La noche está muy avanzada y ya se acerca el día. Por eso, dejemos a un lado las obras de la oscuridad y pongámonos la armadura de la luz.

Romanos 13:11-12

El padre de Matthew Henry le enseñó la siguiente declaración de compromiso:

Recibo a Dios Padre como mi Dios;
Recibo a Dios Hijo como mi Salvador;
Recibo al Espíritu Santo como mi Santificador;
Recibo a la Palabra de Dios como mi regla;
Recibo al pueblo de Dios como mi pueblo;
Y de aquí en más dedico y rindo todo mi ser al Señor. Todo esto lo hago de manera deliberada, libre y para siempre. Amén.

Como mujer de valor dedicas todo tu ser a amar a Dios en libertad, a servir a su Hijo y a sentir al Espíritu Santo. Sabes que todo lo que hagas necesita esta triple guía para asegurar un buen resultado. Sabes que es tu fórmula perfecta para vivir correctamente.

Siendo sinceras, en estos días no nos consideramos justas. Tal vez porque nos preocupamos demasiado por ser santurronas, que es prácticamente lo opuesto. Ser realmente justas delante de Dios es algo en lo que debemos esforzarnos y que podemos alcanzar, tal como sugiere Matthew Henry, tomando la Palabra de Dios y haciéndola nuestra regla. Más aun, podemos recibir al pueblo de Dios y hacerlo nuestro pueblo.

Como sugiere la Escritura en Romanos, es ahora el tiempo de vivir correctamente. Al pedirle a Dios que guíe tu entendimiento de lo que aún falta en ti para convertirte en una mujer de valor más fuerte, para vivir correctamente delante de él, recuerda que el tiempo es esencial. Él necesita tu ejemplo hoy.

Un pensamiento valioso

Tengamos fe que la razón es poderosa;
y con esa fe, avancemos hasta el
fin, haciendo la parte que nos toca,
siguiendo siempre la verdad.

Abraham Lincoln

Señor, te pido perdón por todas
las cosas que no están bien en mi
vida; y te agradezco por aquellas
que favorecerás. Amén.

Siendo renovada

Ser renovados en la actitud de su mente; y ponerse el ropaje de la nueva naturaleza, creada a imagen de Dios, en verdadera justicia y santidad.
Efesios 4:23-24

La mayoría de ustedes no se piensa que son como superhéroes, pero considerando todo lo que enfrentan en sus vidas, tal vez lo hacen. Cuando estás llevando una carga muy pesada, yendo de una cosa a otra, es difícil bajar la carga.

El peso de la carga lleva a otras cosas que solo agregan más peso… poco descanso, mucho café, demasiadas comidas rápidas, muchas noches de trabajar una o dos horas extras para estar preparada para el día siguiente. ¿Cuándo y cómo tienes un muy necesario descanso?

Quítate la capa con la gran S roja que probablemente tú misma te pusiste, mira hacia tu interior y permanece muy, muy quieta.

Cuando aceptaste a Dios en tu vida, tu objetivo era parecerte más a él y tener más de él en tus tareas diarias.

Tal vez, en lugar de superhéroe, la gran S debería ser por Salvador y tú deberías darle la capa a aquel que realmente puede cuidarte. Jesús te ofreció la posibilidad de entregarle tus cargas. Recuerda, él dijo «Vengan a mí todos ustedes que están cansados y agobiados, y yo les daré descanso» (Mateo 11:28).

Esta semana, deja esas cargas y date la posibilidad de ser renovada en él. Tu héroe verdadero está listo para ayudarte.

Un pensamiento valioso

Nos has creado para ti Señor, y nuestro corazón no encontrará la verdadera paz, sino hasta que logre descansar en ti.

Agustín de Hipona

Señor, permanece conmigo esta semana. Ayúdame a renunciar a parte del peso que llevo, a algunas cargas de mi corazón, y depositarlas a tus pies. Ayúdame a renovarme en ti. Amén.

Una mujer dispuesta a correr riesgos

Me fijé que en esta vida la carrera no la ganan los más veloces, ni ganan la batalla los más valientes; que tampoco los sabios tienen qué comer, ni los inteligentes abundan en dinero, ni los instruidos gozan de simpatía, sino que a todos les llegan buenos y malos tiempos.
Eclesiastés 9:11

Eres una mujer única, definida por cientos de particularidades. Tienes tu vestimenta, recetas y paso de baile favoritos, y también tienes un toque de algo más. ¡Tienes un toque de renegada! Estás totalmente de acuerdo con la idea de que la vida implica un poco de riesgo de tanto en tanto. Lo has comprobado una y otra vez. Lo más probable es que cada cosa grande que hayas hecho, te haya demandado arriesgarte un poco más para provocar que suceda.

El maestro de Eclesiastés quizás haya estado tratando de enviar el mensaje de que la vida solo sucede. Sin embargo, no creo que de eso se trate el mensaje. Podríamos interpretarlo como que los corredores de autos no ganan carreras, no arriesgan y compiten un poco más allá de su nivel de habilidades. Los guerreros no ganan, si no saben escoger sus batallas.

Ser inteligente, habilidosa o educada tampoco resolverá tus problemas automáticamente. La casualidad puede tener algo que ver, pero tener fe y arriesgar es lo más importante Cuando lo haces, ganas, sin importar cual sea el resultado. ¿Qué arriesgarías por Dios esta semana?

Un pensamiento valioso

Sean audaces, sean diferentes, sean imprácticos, sean todo lo que pueda demostrar una integridad de propósitos y una visión imaginativa ante los cautelosos, las criaturas de lo común y corriente, los esclavos de lo ordinario.

Cecil Beaton

Señor, no hay nada en mí que me haga más especial que cualquiera de las personas que me rodean. Sí, tú me has otorgado mi particular conjunto de dones, y sé que puedo utilizarlos de un modo cómodo, o arriesgarme un poco más y usarlos para parecerme más a ti. Ayúdame a ser valiente en todo lo que emprendo. Amén.

Una mujer bien relacionada

También nosotros, siendo muchos, formamos un solo cuerpo en Cristo, y cada miembro está unido a todos los demás.
Romanos 12:5

No sé qué pienses tú, pero para mí, no hay nada más maravilloso en la vida que los amigos más íntimos. Son esos amigos que saben todo acerca de mí, y aun así me aman. Me perdonan, me aplauden, y permanecen a mi lado sin importar qué nos depare la vida.

Como miembro del cuerpo de Cristo, compartes el mundo con un montón de personalidades diferentes. Algunas de ellas son almas gemelas desde el momento que las reconoces. Algunas te dejan desconcertada cuando intentas descifrar qué tipo de relación te une a ellas. Otras hacen que, cuando te encuentras con ellas, quieras salir corriendo en la dirección opuesta.

Dios hizo a las mujeres con una gracia especial para relacionarse. Somos sus embajadoras de paz, perdón y alegría. Somos sus hacedoras de buenas obras y quienes hacen su trabajo de sostener y cuidar. Cuando de relaciones se trata, en verdad cuenta con nosotras para ser sus manos y su corazón.

Como dice en Romanos: «Cada miembro está unido a todos los demás». Sea cual fuere la relación que tienes con otras mujeres en tu vida, siempre existe esa necesidad mutua de una y otra parte. Juntas pueden enseñarse mutuamente a alcanzar el potencial que Dios ha puesto en cada una en particular. Y eso es realmente una meta que vale la pena perseguir.

Un pensamiento valioso

Lo que cada uno siembra es lo que nos da personalidad y prestigio. Semillas de bondad, buena voluntad y comprensión humana sembradas en suelo fértil florecen en amistades inmortales, grandes acciones dignas y una memoria que no se apagará fácilmente. Todos somos sembradores de semillas, ¡no lo olvidemos!

George Matthew Adams

Señor, has bendecido mi vida con maravillosas amistades. Por favor, ayúdame a ser una amiga amable y amorosa en todo momento, para cada una de ellas. Amén.

Una mujer radiante

Nosotros que somos del día, por el contrario,
estemos siempre en nuestro sano juicio,
protegidos por la coraza de la fe y del amor,
y por el casco de la esperanza de salvación.
1 Tesalonicenses 5:8

Me arriesgaría a decir que muchas de nosotras probablemente consideremos que nuestro mecanismo de defensa es literalmente una armadura y no algo relacionado con los conceptos de amor y fe. Nuestra armadura sirve para protegernos de las lanzas y flechas que nos arroja la vida y de los pequeños golpes que aunque parecen sin importancia asedian a nuestro espíritu. Con nuestra mejor postura defensiva, damos un paso al frente, listas para enfrentar al mundo.

Quizás has estado poniéndote la armadura equivocada. En lugar de seguir adoptando mecanismos de defensa, intenta vestirte con amor. Envuélvete con la armadura de la fe y estarás protegida de pies a cabeza. Es más, esta semana proponte enfrentar tus quehaceres diarios inmersa totalmente en fe y amor, y comprueba si necesitas siquiera esa armadura defensiva. Tu protección invisible es poderosa. Mientras más reconozcas su presencia, más fuerte será y más intensamente irradiarás su luz y verdad a todos los que te rodean.

Si fuiste hecha para brillar, ¿cómo puedes hacerlo si tu armadura está diseñada para mantener al mundo distante? La armadura de amor y fe no es pesada ni incómoda. No te cierres en tí misma tratando de hacerte camino a la fuerza. Enfrenta cada día sabiendo que nada puede quitarte la fe que te hará triunfar.

Así que, ponte una rosa en el casco de la salvación y ten perfecta certeza de que eres amada y protegida. Serás un hermoso ejemplo del resplandor de Dios.

Un pensamiento valioso

Conforme vamos dejando que nuestra propia luz brille, inconscientemente damos a otros el permiso de hacer lo mismo.

Nelson Mandela

Amado Padre, reconozco que suelo andar con mi mecanismo de defensa tan dispuesto a pelear, que la luz se desvanece de mi día. Ayúdame a equiparme con la armadura de tu amor, para que sea vista por todo el mundo. Amén.

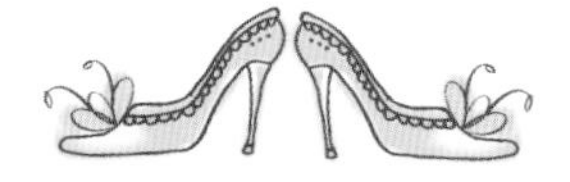

Una mujer de valor se regocija

Pero que se alegren todos los
que en ti buscan refugio;
¡que canten siempre jubilosos!
Extiende tu protección, y que en ti se regocijen
todos los que aman tu nombre.
Porque tú, Señor, bendices a los justos;
cual escudo los rodeas con tu buena voluntad.
Salmo 5:11-12

¿Alguna vez pensaste en lo que te hace feliz? Cuando estás contenta, ¿te comportas de modo diferente a otros momentos, como por ejemplo cuando estás demasiado ocupada como para pensar en eso o te sientes un poco malhumorada?

Esta semana, piensa en las cosas que te hacen realmente feliz. Haz una lista. Recuerda todas las bendiciones que tienes. Si no puedes recordar ninguna, visita un refugio para personas sin hogar o haz algún servicio público, y comenzarás a ver con claridad tus bendiciones.

Jesús dijo que vino para que podamos tener vida en abundancia, pero probablemente pocas de nosotras entendamos lo que quiso decir. Quienes lo comprenden, se dan cuenta que tienen absolutamente todo. Tenemos las llaves de la salvación. Si aun estás luchando con la idea de abundancia, puede que estés esperando algo equivocado. Sin darnos cuenta, nos enfocamos en lo que no tenemos. Cuando nos enfocamos en las cosas que nos faltan, nos vemos como carenciadas, y en consecuencia, asumimos que Dios no está prestando atención a los detalles de nuestra vida.

Una mujer de valor sabe que regocijarse en el amor de Dios y alabarle por todo lo que tiene abre las puertas y ventanas para recibir más luz, más amor y más posibilidades. La alabanza desata el poder de la abundancia. Un corazón agradecido gana el día. Mira tu inmensa fortuna y agradece por todo. Seguramente te quedes sin papel antes de comenzar siquiera a hacer una lista de las cosas admirables que son parte de tu vida hoy. ¿Escuché un aleluya por ahí?

Un pensamiento valioso

Si fuera un ruiseñor, cantaría como un ruiseñor; si un cisne, como cisne. Pero como soy una criatura racional, debo alabar a Dios, esa es mi tarea.

Epicteto

Señor, estoy verdaderamente asombrada por todo lo que he recibido por tu gracia y bondad. Me gozo en ti y te alabo por estos inmensos regalos de amor. Amén.

¡Una mujer de valor es excepcional!

Vale más la buena fama que las muchas riquezas,
y más que oro y plata, la buena reputación.
El rico y el pobre tienen esto en común:
a ambos los ha creado el Señor.
Proverbios 22:1-2

¿Tienes alguna amiga a la que consideres excepcional? ¡Quizás tus amigas opinan eso de ti! Una mujer de gran valor se destaca de muchas maneras. Sabe el valor absoluto del respeto, por lo que da y recibe respeto de todos los que la rodean. ¿Cómo lo hace?

Cuando tienes respeto por una persona hónralas, y al hacerlo puedes ver la luz de Dios en su interior. Proteges sus sueños y planes y le ofreces una mano de ayuda siempre que puedes. Si es necesario, resguardas su reputación y reconoces su valor.

Una mujer de valor también reconoce su

propia valía, porque sabe que es lo que es por medio de la gracia de Dios, y que la huella de la mano de Dios en su vida la hace única y, sí, ¡excepcional!

Las Escrituras dicen que el respeto y la buena reputación son más valiosos que la plata o el oro. Cualquiera puede tener dinero, pero no es tan fácil ganar el respeto de los demás. Para el mundo, el dinero es la medida que determina el respeto. Si una persona tiene mucho dinero, asumimos que es digna de respeto. Si es pobre, asumimos que no ha tomado buenas decisiones en la vida, o que tal vez no merezca nuestro respeto.

Dios creó a ambas personas. Como mujer de valor, cuando ves la luz de Dios reluciendo desde el interior de alguien, sabes que esa persona es digna de honor y respeto. ¡Dios la ha escogido para que sea excepcional, y también te ha escogido a ti!

Un pensamiento valioso

El éxito sin honor es como un plato mal sazonado; mitiga el hambre, pero no tiene buen sabor.

Joe Paterno

Señor, a veces perdemos de vista el hecho de que con tu luz, realmente somos extraordinarias. Somos dignas porque tu diste a tu hijo para que así sea. Gracias por tu amor siempre presente. Amén.

Transformándote en una mujer de gran valor

Te estás transformando en una mujer de gran valor cada día, renovada por los cuidados, el amor y la gracia de Dios, y dispuesta a compartir su bondad y abrazo afectuoso. Te asemejas a una mujer de valor, al abrir tu corazón y estar lista para comenzar una nueva amistad cada día. Te estás convirtiendo en una mujer de gran valor día a día, al hacer brillar tu luz radiante, regocijándote en cada situación por la extraordinaria razón de ser completamente amada por Dios.

VALOR

Llegar a ser una mujer de gran valor require de mucha disciplina, y a Dios le complace que te esfuerces por seguir sus pasos. Él es tu guía y maestro y solo pide que confíes en él y atesores el tiempo que pasan juntos. Sé agradecida por todo lo que él comparte contigo para que tu viaje sea extraordinario. Eres su hija amada, sin importar cuántas velas hay en tu pastel de cumpleaños.

Convirtiéndote en una mujer de corazón fiel

El ojo es la lámpara del cuerpo. Por tanto, si tu visión es clara, todo tu ser disfrutará de la luz.
Mateo 6:22

Como mujer de valor, continuamente buscas tener un corazón fiel. Tienes un gran deseo de servir con integridad a Dios, a tu familia y a quienes aprecias. Quieres reflejar la luz que irradia de tu alma.

No es algo fácil de lograr e implica un gran esfuerzo de humildad caminar en esa dirección.

Fénelon dijo: «No hay bondad verdadera y constante sin humildad. Mientras estamos tan a gusto con nosotros mismos, nos ofendemos fácilmente con los demás. Estemos persuadidos de que nada es por nuestra causa y nada nos perturbará. Pensemos con frecuencia en nuestras debilidades, y seremos más indulgentes con las de los demás».

Todas las personas que encuentres merecen ver tu luz. Todos la necesitan. Estés donde estés esta semana, examina tu corazón para ver si verdaderamente brillas, honrando a tu Padre celestial por todo lo que ha hecho. Si observas que has estado siendo selectiva en tu ofrecimiento, aumenta la intensidad de tu lámpara. Si lo haces, los demás verán más del Dios cariñoso y verdadero, y menos de ti, débil y en proseso de cambio.

Fuiste llamada para iluminar. Como mujer con un corazón destacable, la verdad de Dios brillará desde tu interior como el sol. ¿Eso no da calor a tu espíritu?

Un pensamiento valioso

Todo el mundo piensa en cambiar a la humanidad, pero nadie piensa en cambiarse a sí mismo.

León Tolstoi

Señor, enciende tu luz en mí de aquí en adelante y hazme brillar en la oscuridad. Mientras busco convertirme en una mujer de valor, cambiando mi manera de pensar y mi forma de actuar, permite que otros se acerquen a mí para conocer más acerca de ti. Amén.

Una verdadera mujer, en palabras y actos

Pero cuando venga el Espíritu de la verdad, él los guiará a toda la verdad, porque no hablará por su propia cuenta sino que dirá solo lo que oiga y les anunciará las cosas por venir.

Juan 16:13

La mayoría de nosotras se orienta más hacia el futuro que hacia el hoy. No nos damos cuenta del tiempo que pasamos planificando, pensando y preparando para el futuro, mientras nos perdemos el presente. El Espíritu de verdad actúa en el presente. Es el regalo que tienes ahora, en este mismo momento.

Una mujer de gran valor se esfuerza por escuchar la voz del Espíritu y recibir su guía en todo lo que hace. Se esmera por ser la personificación de la verdad. Se ha dicho que «Si no conoces y aprendes tus verdades, no puedes hablarlas. Si no las hablas, conocerás una prisión desde adentro. Di tus verdades a ti misma, y luego a los demás. ¡La verdad realmente te hará libre!»

Debes hablar tu verdad y compartir tu corazón porque Dios te ha dado la fuerza y la oportunidad para hacerlo. Eres su voz, sus manos y su corazón, y compartir esa verdad agregará belleza y libertad al presente. Es tu día para escuchar, caminar y compartir tus bendiciones con los que te rodean. Hazlo con gracia y una sonrisa. Si la verdad ha liberado tu corazón, todo lo que hagas producirá gozo.

Un pensamiento valioso

Comencemos por comprometernos con la verdad. Ver las cosas tal y como son y enunciarlas tal y como son; encontrar la verdad, hablar la verdad y vivir la verdad.

Richard M. Nixon

Señor, no siempre es fácil reconocer la verdad. Ayúdame a escuchar tu voz y la guía de tu Espíritu para que pueda vivir, hablar y caminar con libertad en ti. Amén.

Cuando una mujer piensa

Así dice el Señor: «Ustedes, pueblo de Israel, han dicho esto, y yo conozco sus pensamientos».
Ezequiel 11:5

¡Uf! No sé qué te suceda a ti, pero a mí este particular versículo me perturba un poco. A veces, sin siquiera ser invitados, los pensamientos más extraños invaden mi mente y me alegra saber que nadie tiene por qué enterarse de que alguna vez los tuve. Nadie… ¡excepto Dios!

Quizás no podamos controlar cada pensamiento caprichoso, ambicioso o bueno que entra en nuestra mente, pero sí podemos analizar y controlar nuestros pensamientos. Como todo lo demás, debes disciplinar tu mente dándole el alimento y ejercicios adecuados. Una mente necesita entrenamiento.

Una mujer de valor comprende el poder de sus pensamientos y sabe que las cosas en las cuales medita son las cosas que producen buen fruto. De esta manera, literalmente ayudamos a crear nuestras circunstancias. Si alguna vez conociste a alguien con una verdadera experiencia de vida negativa, lo más probable es que sus pensamientos también hayan sido negativos. Todo depende de la percepción y la actitud, y de entrenar tu mente para pensar en forma positiva.

Disciplina tu mente con oración, meditación y una lectura regular de la Palabra. Ejercita tu corazón dando y compartiendo desde tu luz interior. Aliméntate con pensamientos positivos y recuerda que somos lo que pensamos que somos.

Un pensamiento valioso

Todos los verdaderos pensamientos sabios ya han sido pensados miles de veces; pero para hacerlos verdaderamente propios, debemos pensarlos de nuevo honestamente, hasta que tomen raíz en nuestra experiencia personal.

Goethe

Señor, sabes todo acerca de mí. Bendice mis pensamientos y ayúdame a disciplinar mi mente a prestar constante atención a tus pensamientos y tus caminos, para que cada día pueda ser más digna delante de ti. Amén.

Una mujer de valor es maestra

Y un siervo del Señor no debe andar peleando; más bien, debe ser amable con todos, capaz de enseñar y no propenso a irritarse.
2 Timoteo 2:24

Martín Lutero dijo: «Debemos saber el modo de enseñar la Palabra de Dios correctamente, con discernimiento». Quienes influimos en otros, y esas somos todas, sabemos que hay muchos caminos para influenciar los pensamientos y acciones de otros.

Como buenas maestras, implementamos una variedad de métodos, ¿pero cuáles funcionan? Aquellos que responden a las necesidades de los estudiantes. No estamos tratando de influenciar para que otros piensen exactamente como nosotras lo hacemos, porque sabemos que es bueno para ellos… aunque sea una idea tentadora. Enseñamos porque

Dios ama a cada persona tanto como nos ama a nosotras, y quiere que encontremos modos de guiar pacientes y cariñosos.

Eres una maestra cada día, sin importar tu profesión. Enseñas a tener una actitud positiva, cuando señalas la luz del sol en lugar de las nubes. Enseñas a ser reverente, cuando agradeces a Dios por los regalos del gozo y la provisión que disfrutas en tu vida. Enseñas humildad, al apartarte de tus propias necesidades para ofrecer apoyo cuando alguien lo necesita. Dios te ha dado el don de la enseñanza, porque te ayuda a crecer en su abundancia. Como Albert Einstein describiera tan acertadamente: «El amor es mejor maestro que el deber».

Como mujer de valor, tu amor es el regalo que ofreces, y cada persona que lo recibe aprende algo hermoso acerca de caminar en la luz.

Sé una maestra paciente, como así también, una paciente alumna.

Un pensamiento valioso

Nuestro día más crítico no es el de nuestra muerte, sino todo el curso de nuestra vida. Agradezco a quienes oren por mí cuando repique mi campana, pero agradezco mucho más a quienes me evangelicen, prediquen o instruyan en el modo correcto de vivir.

John Donne

Señor, soy una alumna dispuesta y te doy gracias por quienes llegan a mi vida y comparten sus pensamientos tan claramente. También te agradezco por aquellos que me dan la oportunidad de compartir mis razonamientos, esas enseñanzas que tan pacientemente me impartió tu Espíritu Santo. Amén.

• • • Semana 35 • • •

Una mujer de valor es tentada

Ustedes no han sufrido ninguna tentación que no sea común al género humano. Pero Dios es fiel, y no permitirá que ustedes sean tentados más allá de lo que puedan aguantar. Más bien, cuando llegue la tentación, él les dará también una salida a fin de que puedan resistir.
1 Corintios 10:13

Siendo honestas, sabemos que enfrentamos diariamente los tentáculos de la tentación. Quizás solo seamos tentadas en cosas pequeñas: comprando zapatos nuevos cuando en realidad no necesitábamos otro par de color rojo, o comiendo un pequeño chocolate luego de orar para que Dios nos ayude a tener la voluntad de hacer dieta.

Constantemente nos asaltan cosas tentadoras. La tentación incluso puede tener la forma de pequeñas distracciones. Pero me pregunto: ¿cuántas veces has comenzado a ajustar tu presupuesto y, en la misma semana, te encontraste enfrentando más razones para gastar de las que puedes contar? ¿Cuántas veces te hiciste y le hiciste a Dios la promesa de no dejar que una palabra negativa salga de tu boca, solo para encontrarte diciéndole algo fatal a una amiga al instante siguiente?

¿Cuál es la respuesta? ¿Sencillamente somos esclavas de la tentación? Bueno, tal vez. Sin embargo, 1 Corintios dice que aunque la tentación sea algo común, no tiene porqué vencerte. De hecho, Dios ya tiene un plan para ayudarte a salir de ella. Por supuesto, el tentador no quiere que sepas que hay una salida, por lo que esto es un poco molesto para él.

Haz esta prueba. Esta semana, confecciona una pequeña tabla y anota cada oportunidad en que la tentación golpee a tu puerta. Luego, ponte puntaje conforme al modo en que respondas. Si le abres la puerta inmediatamente, obtienes 0 puntos. Si comienzas cediendo, pero luego te alejas, recibes 5 puntos. Si simplemente dices: «te escucho golpear, pero no puedes pasar», obtienes 10 puntos. Lo que intento demostrar con este ejercicio es que con la ayuda de Dios, puedes cerrarle la puerta en la cara a la tentación. ¡Echa un vistazo a tu puntuación y observa quien está ganando!

Un pensamiento valioso

La tentación suele entrar por una puerta que ha sido dejada abierta deliberadamente.

Anónimo

Señor, sé que no ganaría muchos puntos por mi disposición a cerrarle la puerta a la tentación, pero hace mucho tiempo tú me enseñaste a orar para ser librada de ella. Así que te pido, una vez más, «líbrame de la tentación». Amén.

La mujer agradecida

Estén siempre alegres, oren sin cesar, den gracias a Dios en toda situación, porque esta es su voluntad para ustedes en Cristo Jesús.
1 Tesalonicenses 5:16-18

Sabes que la actitud lo es todo, pero aun así no es tan sencillo lograr esa actitud de gratitud. A veces, hasta te preguntas si no estarás un poco loca por pensar de ese modo.

Cuando elegiste seguir a Jesús, tu membrecía al club venía con una cláusula que decía algo así como: «Ahora no tienes excusas porque te has convertido en hija de un Rey, y tienes todas las cosas por medio de Jesús». Está bien, tal vez no viste eso en la letra pequeña, pero la Biblia parece confirmar que tu actitud debiera leerse claramente como una de total agradecimiento.

La verdad es que ya tienes la vida abundante. Ya posees el mejor regalo que este planeta pueda ofrecerte. ¡Lo tienes todo porque eres una mujer amada y salva! Tienes un lugar al cual llevar tus peticiones y tus penas. Tienes un hombro sobre el cual llorar y unos brazos para tomar cuando simplemente necesitas un abrazo. Tienes un oído atento y el amor infinito del Salvador.

¿Comienza a brillar un poco más tu luz? ¿Estás empezando a ver porqué realmente puedes estar siempre gozosa a pesar de que las circunstancias que te rodean no sean exactamente alentadoras?

¿Qué hace la diferencia? ¡Tú! Eres tú quien hace la diferencia cada vez que recuerdas decir gracias por esas pequeñas cosas que te hacen continuar el día. Cuando te detienes a bendecir las flores, a tu mascota o a tus amigos, lo ves. Cuando oras por los que son menos afortunados que tú, lo ves. Cuando continúas intentándolo a pesar de lo que cualquier razón sugeriría, lo ves. Ves que tienes todas las razones para estar agradecida. ¡Revive la luz de Cristo con cada oración!

Un pensamiento valioso

Dar gracias es bueno,
vivir agradecido es mejor.

Anónimo

Señor, con un corazón agradecido, te doy gracias por todo lo que me has dado, en especial por compartir tu Espíritu divino para que pueda ver tu mano en todo lo que hago. Amén.

La mujer talentosa

Ustedes son la luz del mundo. Una ciudad en lo alto de una colina no puede esconderse. Ni se enciende una lámpara para cubrirla con un cajón. Por el contrario, se pone en la repisa para que alumbre a todos los que están en la casa.
Mateo 5:14-15

¿No te sientes exactamente como la luz del mundo en estos días? ¿No puedes recordar cuándo fue la última vez que sentiste que podías brillar en la oscuridad? ¡Levanta tu lámpara!

Si tu luz está parpadeando un poco, tal vez solo necesitas ajustar la llama. Como mujer con una variedad de talentos destacables, tal vez has llegado a la conclusión de que tus dones especiales son sencillamente características con las que naciste y no algo previsto para hacer brillar al mundo.

Piensa en las mujeres que más admiras. ¿Qué hay en ellas que capte tu atención? Tal vez tienen la habilidad de organizar los mejores eventos de la iglesia a los que has asistido, o pueden pronunciar oraciones que siempre te harán emocionar hasta las lágrimas. Puede ser que siempre están a tu disposición cuando las necesitas. Nunca ocultan su luz. Siempre están dispuestas a brillar, aun sin estar siempre conscientes de ello.

Un faro en realidad no puede juzgar la intensidad de su luz. Hace aquello para lo que fue creado. Brilla en la oscuridad y con sus rayos guía a quienes están perdidos en la niebla, para acercarlos hacia la orilla. Eso es lo que haces con tus talentos, sean cuales fueren. Eso es lo que haces con tu luz. Acercas un poco más a los que te rodean a la Fuente que los mantendrá a salvo en la oscuridad.

Si escondiste tu lámpara bajo el cajón de la incertidumbre y de la falta de confianza en ti misma, sácala de allí, ponla en alto con amor y humildad, y brilla para todos.

Un pensamiento valioso

Usa tus dones con fidelidad, y se multiplicarán. Pon en práctica lo que sabes, y alcanzarás un conocimiento aún mayor.

Matthew Arnold

Señor, todos los talentos que poseo provienen de tu amor y guía. Permíteme usarlos siempre en la mayor luz posible. Amén.

Una mujer de conversación amable

Cuando falta el consejo, fracasan los planes;
cuando abunda el consejo, prosperan.
Es muy grato dar la respuesta adecuada,
y más grato aún cuando es oportuna.
Proverbios 15:22-23

Las mujeres sueles caracterizarse por ser conversadoras. Ese quizás sea un término amable. El hecho es que la mayoría de las mujeres son interlocutoras muy capaces, dispuestas a compartir sus pensamientos y sentimientos con quienes aprecian. Es uno de los maravillosos atributos de las mujeres, y estoy casi segura de que Dios nos diseñó de esta manera.

Los dos proverbios precedentes hablan a aspectos muy diferentes de la conversación, pero ambos pueden ser amables si así lo escogemos. Cuando estamos dando un consejo, no siempre estamos seguras de la actitud que debemos tomar. ¿Debemos ser autoritarias, maternales, amigables o críticas? Todo depende del resultado deseado. Si esperamos que la persona tenga éxito en sus planes, adoptaremos un modo de transmitir el mensaje. Si no queremos que lo logre porque no creemos que esa alternativa sea sabia, o no cuadra con nuestra opinión, transmitiremos el mensaje de manera diferente. Proverbios sostiene que, sin importar de qué se traten nuestros planes, las cosas irán mejor si buscamos el consejo de varias fuentes, para poder tomar mejores decisiones. Las mujeres de valor son valiosas dadoras de consejos porque buscan el mayor bien de la persona que se acerca a ellas.

El segundo proverbio trata acerca de ser capaz de decir lo correcto en el momento adecuado. La mayoría de nosotras estará de acuerdo en que ciertamente aspiramos a eso, pero no siempre estamos seguras de cómo lograrlo. Queremos dar a otros una respuesta que los haga sentir bien. Nuestra meta es hablar amablemente, dar a otros nuestros mejores pensamientos y nuestras respuestas más generosas. Cuando lo hacemos, estamos sirviendo a Dios como embajadoras de buena voluntad.

Un pensamiento valioso

Adecúa la acción a la palabra,
la palabra a la acción.
William Shakespeare

Señor, es importante para mí decir siempre lo correcto. Por favor, bendice toda oportunidad que se me presente esta semana de ofrecer un consejo sano, o palabras amables a quienes me rodean. Amén.

Una mujer fuerte

El Señor afirma los pasos del hombre
cuando le agrada su modo de vivir;
podrá tropezar, pero no caerá,
porque el Señor lo sostiene de la mano.
Salmos 37:23-24

Las mujeres de hoy, como en cada generación anterior, deben demostrar una habilidad inmensurable para permanecer fuertes y lograr sobrevivir. Nuestras experiencias vitales son una mezcla sorprendente de belleza y tragedia, y solo hay una cosa que podemos hacer al respecto. Debemos ser fuertes y encontrar nuestra fuerza en la ayuda que solo Dios puede darnos.

Jane Truax nos ofrece este pensamiento: «Los botánicos dicen que los árboles necesitan de los poderosos vientos de marzo para torcer sus troncos y ramas principales, de modo que la sabia circule hacia arriba para nutrir a las hojas en ciernes. Tal vez necesitemos las tormentas de la vida del mismo modo, aunque nos desagrade soportarlas. Un período tempestuoso en nuestras fortunas suele ser el preludio de una nueva primavera de vida y salud, éxito y felicidad, cuando mantenemos firme nuestra fe y vemos al bien más allá de las apariencias».

Las Escrituras nos enseñan que Dios está atento a cada detalle de nuestras vidas. Ve nuestras necesidades y nos sostiene de la mano. Cuando enfrentamos las pruebas tempestuosas, las tormentas de la vida, lo que necesitamos es aferrarnos a él aun más fuertemente. Una mujer de valor sabe dónde depositar su confianza, y aunque eso suela implicar un espíritu más fuerte del que quiera admitir, está dispuesta a enfrentar lo que pueda venir porque sabe que no está sola.

Eres una mujer fuerte y eso es bueno. El mundo necesita de tu liderazgo, tu ternura y tu fortaleza en cada situación. Mantente conectada a tu fuente de fuerza y vida y aunque tropieces, no caerás. ¡Es una promesa! ¡Mantente arraigada en tu fe!

Un pensamiento valioso

Todas nuestras dificultades solo son plataformas para la manifestación de su gracia, poder y amor.

Hudson Taylor

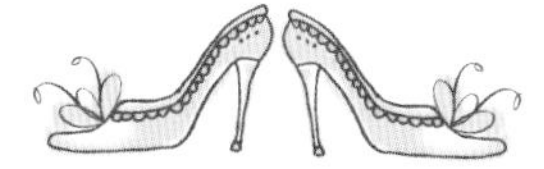

Señor, no siempre me siento lo suficientemente fuerte como para enfrentar las variadas pruebas que se presentan en mi camino. Por favor, fortaléceme y renuévame mediante tu gracia y tu poder. Amén.

La mujer digna de confianza

¡Cuánto te amo, Señor, fuerza mía!
El Señor es mi roca, mi amparo, mi libertador;
es mi Dios, el peñasco en que me refugio.
Es mi escudo, el poder que me salva,
¡mi más alto escondite!
Salmos 18:1-2

Piensa en una mujer en la cual confíes plenamente. Puedes contarle lo que sea sabiendo que es seguro hacerlo. Puedes acudir a ella cuando necesitas apoyo o fortaleza de espíritu. Puedes bajar la guardia con ella y reírte de ti misma. Te sientes protegida por su amor y resguardada en su cuidado. ¿Tienes a alguien en mente?

Ahora, ponte en su lugar. Fíjate si tú también eres esa persona para ella. Una de las razones por las que amamos a alguien es porque sabemos que hay confianza entre nosotros. Nada puede romper los lazos que nos mantienen a salvo en la relación y sabemos que ambos haríamos lo que sea por el otro.

Eres una mujer confiable, el refugio y la fortaleza de alguien. Recibiste de Dios el ejemplo de cómo serlo. Él extiende sus alas sobre tu vida y te da refugio. Se interpone entre tú y cualquier cosa que pueda hacerte caer. Confías en él con tu vida.

En la amistad, la confianza implica que no siempre sabes porqué aconteció un evento o porqué surgió una situación extraña. Lo mismo sucede en tu amistad con Dios. A veces debes confiar en él aun desconociendo porqué algunas cosas son como son. Víctor Hugo dijo: «Ten coraje para enfrentar las grandes aflicciones de la vida y paciencia para afrontar las pequeñas. Y así, cuando hayas culminado tus labores diarias podrás ir a dormir en paz. Dios estará despierto».

Una mujer de valor pone su confianza y sus circunstancias en las manos del Protector supremo. Es su fortaleza y su refugio.

Un pensamiento valioso

Solo en Dios hay fidelidad y fe en la confianza de que podemos aferrarnos a él, a sus promesas y a su guía. Aferrarse a Dios es descansar en el hecho de que Dios está ahí para mí, y vivir en esta certeza.

Karl Barth

Señor, confieso que en ocasiones permito que las noticias y los problemas del mundo entren a mi vida, turbando mi paz y provocando que mi confianza se desmorone. Ayúdame a aferrarme a ti, confiando en ti por todo lo que sucede en mi vida. Amén.

Transformándote en una mujer de gran valor

Te asemejas cada día más a una mujer de gran valor cuando confías en el cuidado protector de Dios, cuando eres la maestra que él envía y la buena amiga que combina palabras dulces y pensamientos amables creados para ser compartidos. Te estás transformando en una mujer de valor diariamente, con un corazón que en verdad es de Dios porque le agradeces por la vida en los buenos tiempos y en las luchas, y confías en que nunca estás sola. Te estás convirtiendo en una mujer de gran valor día a día cuando la tentación te busca, porque sabes que tu lugar junto al Salvador de gracia te previene de caer.

VALOR

El día que aceptaste al Hijo de Dios en tu corazón y acogiste sus planes para tu vida, te convertiste en una mujer de gran valor. Has estado recorriendo ese camino desde hace un tiempo ya y estás regularmente en un grupo de apoyo de mujeres que camina a tu lado, ofreciéndote una sonrisa reconfortante y una mano de ayuda cuando la necesitas. Tus amigas en Cristo están en todos lados.

Una mujer de valor es de ayuda

El que es generoso será bendecido,
pues comparte su comida con los pobres.
Despide al insolente, y se irá la discordia
y cesarán los pleitos y los insultos.
El que ama la pureza de corazón
y tiene gracia al hablar
tendrá por amigo al rey.
Proverbios 22:9-11

Estos proverbios ofrecen una guía de cómo, una mujer de valor puede ser útil a los demás. La primera bendición viene cuando ayudas a alimentar a los pobres. Cuando literalmente ofreces tu ayuda a un comedor de beneficencia o alimentas a tu prójimo, Dios ve tu trabajo y te bendice. Quizás te resulte más sencillo alimentar el espíritu de quienes te rodean. De ser así, siempre serás de ayuda, porque Dios te estará poniendo continuamente en medio de almas hambrientas.

Si te alzas en defensa de otros cuando están siendo intimidados o atacados por quienes tienen espíritus miserables, eres una pacificadora. Ayudas a restaurar el balance y la posibilidad de que sucedan cosas buenas. Dios siempre bendice a los pacificadores porque hacen del mundo un mejor lugar para todos.

Lo opuesto de quienes arrojan insultos son las personas que profieren bondad a los demás. Cada vez que ofreces un corazón amable y palabras sinceras, estás colaborando con la causa de Dios en la tierra. Ayudas a lograr que la presencia de Dios se manifieste en las situaciones.

Si en este momento haces una lista de todos los modos en que consideras que has ayudado a otros esta semana, fíjate si encuentras los siguientes: alimentaste el corazón, mente y cuerpo de alguien que conoces; trajiste paz a una situación difícil enviando lejos palabras e ideas ofensivas; fuiste amiga del Rey hablando a quienes te rodean con palabras sinceras de amor y bondad. Si encuentras esas acciones en tu lista, fíjate si en los próximos días puedes ampliar tu ayuda con nuevas acciones. Estas no son cosas para ir tachando de una lista, sino para realizarlas cada día de tu vida.

Un pensamiento valioso

Aun si es una cosa insignificante, haz algo por quienes necesitan ayuda; algo por lo que no obtengas más recompensa que el privilegio de hacerlo.

Albert Schweitzer

Señor, sé que puedo hacer más para ayudar. Abre mis ojos a las necesidades de quienes me rodean, y muéveme a ofrecer cualquier servicio que esté a mi alcance, por amor a Jesús. Amén.

Una mujer de corazón humilde

Humíllense delante del Señor,
y él los exaltará.
Santiago 4:10

Vivir es una experiencia de humildad. Ya sea que estés encabezando la carrera o hayas quedado última, reconoces que los tiempos, las circunstancias y la gracia de Dios probablemente han jugado un rol mayor para posicionarte en donde estás que lo que tú hayas hecho por tu cuenta. ¡Eso te hace humilde!

En un mundo que trata de hacernos creer que podemos tenerlo todo e incluso hacerlo todo, el ego se apoya sobre un suelo muy inestable. Si le dimos al ego soberanía plena, simplemente nos dejará fuera de juego, porque nos extenuará el esfuerzo de jugar en todas las posiciones del equipo, además de la nuestra.

Nuestro ego cree que podemos hacer todo mucho mejor que los demás. Eso es bueno para introducirnos en el juego, pero hace difícil mantenernos en él. Estamos siempre pateando para marcar una cantidad de goles imposible de lograr.

Cuando pasas por alto las necesidades del ego, las cosas comienzan a cambiar. Comienzas a vislumbrar para qué te creó Dios, cuál fue el rol único que te asignó en el juego. No te pide que juegues todas las posiciones de la cancha. Solo te pide que juegues en aquella posición para la cual te diseñó. Las mujeres suelen exigirse sobremanera para jugar el rol de mejor madre, esposa, maestra, amiga, empleada, hija, etc., etc. Al final su ego sufre y asumen que no tienen la capacidad para ganar el juego.

Aquí va el secreto: ya has ganado. Eres la primera opción del entrenador, especialmente elegida por él, y te ha nombrado «mejor jugadora». Eres quien resalta en el partido, cuando aceptas tu posición con gracia y humildad. ¡Deja de estar pensando en el puntaje y sal a dar tu mejor tiro a la vida!

Un pensamiento valioso

Hemos trabajado e incluso hemos trabajado arduamente; pero nos hacemos la pregunta: ¿para qué hemos trabajado? ¿Quién ha sido nuestro jefe? ¿Con qué propósito nos hemos afanado?

Charles H. Spurgeon

Señor, realmente trabajo arduamente y te agradezco por las oportunidades para hacerlo. Mantenme con la humildad suficiente para distinguir cuál es mi trabajo y cuál no lo es. Amén.

Una mujer con sentido del humor

Dichosos los que me escuchan
y a mis puertas están atentos cada día,
esperando a la entrada de mi casa.
En verdad, quien me encuentra, halla la vida
y recibe el favor del Señor.
Proverbios 8:34-35

«Alguien que aprecias está luciendo un horrible sombrero, y te pide que le des tu opinión sincera acerca de él: ¡Qué encantador! Pero si me permites una pequeña sugerencia... si el viento te lo lleva, ¡no corras a recogerlo!»
Señorita Piggy (de Miss Piggy´s Guide to Life [Guía para vivir de la Señorita Piggy]).

Erma Bombeck dijo: «Tengo un sombrero. Es elegante y femenino, y me otorga cierta dignidad, como si estuviera en un funeral estatal o algo así. Algún día tendré el coraje suficiente para ponérmelo, en lugar de llevarlo en la mano».

Sea cual fuere el sombrero que usas en el mundo, necesitas tener sentido del humor. El humor es un tipo de sabiduría. La voz de la sabiduría en el pasaje bíblico de hoy dice que llegues cada día a tu casa, escuches, y hallarás la felicidad. Agreguémosle la necesidad de volver diariamente al hogar con sentido del humor y escuchar a la oportunidad que nos brinda de ver la alegría en una situación, la risa de un momento, y la posibilidad de que Dios simplemente quiera que disfrutes de quien eres.

Las mujeres son buenas en reírse de sí mismas respecto a lo que está de moda. Los diseñadores que conducen la industria de la moda, sin embargo, no suelen detenerse en nuestros hogares a preguntar nuestra opinión. Está bien relajarse un poco y ponerle a la vida la diversión que tiene que tener. Tal vez es hora de ponerte tu sombrero, sea cual fuere su diseño, y tener el coraje de lucirlo para que todos puedan verlo. Si estás sonriendo hoy, ¡nos sacamos el sombrero para felicitarte!

Un pensamiento valioso

Para tener salud y disfrutar siempre de la vida, concédeme un sentido del humor constante y entusiasta. Después de una fe pertinaz en la providencia, es lo mejor que puede tenerse.

George B. Cheever

Señor, me has rodeado de muchas razones para sonreír. Recuérdame que no tengo que llevar conmigo todo el tiempo las cargas del mundo. Si descanso en ti, puedo relajarme un poco. Amén.

Una mujer llena de esperanza

Que el Dios de la esperanza los llene de toda alegría y paz a ustedes que creen en él, para que rebosen de esperanza por el poder del Espíritu Santo.

Romanos 15:13

Las mujeres son las divas de la esperanza. Pasan gran parte de sus vidas persiguiendo cosas que anhelan. Oran y esperan. Puede parecer sencillo, pero en verdad, es un regalo genuino de Dios y una bendición posible por el poder del Espíritu Santo.

Esperanza significa que en realidad no tienes el control y lo sabes. Esperanza significa que algo está más allá de tus posibilidades, fuera de tu alcance, es más difícil de lo que pensabas. Esperas que sucedan cosas buenas y correctas, y a veces anhelas esas cosas para otros más que para ti. Tienes esperanza, porque no puedes hacer nada menos.

Frank Laubach habló acerca de nuestra esperanza en Jesús. Dijo: «Cuando nació la compasión por el hombre común, en el día de navidad, con ella nació una nueva esperanza entre las multitudes. Sintieron una enorme y siempre creciente determinación de levantarse y elevar a sus hijos del hambre y la miseria, a un nivel superior. Jesús inició un incendio en la tierra que aun hoy arde intensamente, el fuego de una nueva esperanza en los corazones de las multitudes hambrientas».

Nuestros corazones están llenos de esperanza por nuestros propios hijos y por toda la humanidad. Caminamos bajo la lluvia porque tenemos la esperanza de que salga el arcoíris, la promesa de Dios de estar con nosotros. Que tu corazón sea lleno de esperanza esta semana.

Un pensamiento valioso

Los vuelos naturales del espíritu humano no van de placer a placer, sino de una esperanza a otra.

Samuel Johnson

Mi esperanza descansa en tu Espíritu y tu amor. Ayúdame a permanecer siempre en la bendita esperanza que tengo en ti. Amén.

Una mujer honesta

El que es honrado en lo poco, también lo será en lo mucho; y el que no es íntegro en lo poco, tampoco lo será en lo mucho. Por eso, si ustedes no han sido honrados en el uso de las riquezas mundanas, ¿quién les confiará las verdaderas?

Lucas 16:10-11

¿Qué implica ser una persona honesta todo el tiempo? ¿Acaso es posible? Podemos entender la idea de honestidad cuando se trata de cosas grandes. Somos capaces de reconocer y decir la verdad cuando es realmente importante. Nos enorgullecemos de nosotras mismas por no engañar en nuestros impuestos ni a nuestros esposos.

Si miramos atrás, y quizás no tan atrás, descubriremos que en realidad no somos honestas todo el tiempo. De hecho, quizás nos sorprendamos al ver con qué frecuencia hemos optado por ser deshonestas, decidiendo que eso estaba bien.

Si estás pensando que eso no es verdad en tu caso, y que definitivamente te calificarías como una mujer honesta, te diría que es cierto, y que lo eres. Sin embargo, te pediría que consideres cosas como las que siguen, para medir tu propio nivel de honestidad.

Cuando te piden que te quedes trabajando hasta tarde una noche más, ¿eres capaz de decirle honestamente a tu empleador cómo te sientes al respecto? Cuando tu amiga te pide algo prestado una vez más y sabes que no te lo devolverá, ¿le expresas honestamente tus sentimientos? Cuando tu esposo no te ha dicho: «Te amo» en tanto tiempo que ya ni recuerdas la última vez que te lo dijo, ¿reconoces honestamente el modo en que eso te hace sentir? A veces, la honestidad no tiene nada que ver con balances bancarios o con cómo tratamos a nuestro prójimo. A veces tiene que ver con qué tan honestas somos con nosotras mismas.

Walter Anderson dijo: «Nuestras vidas mejoran cuando nos arriesgamos, y el primer y mayor riego que debemos tomar es ser honestos con nosotros mismos».

Como mujer de gran valor, tu intención es ser siempre honesta. Esta semana, trata de estar especialmente atenta a esos momentos en que no esté tan claro que lo seas.

Un pensamiento valioso

La honestidad es el primer capítulo
del libro de la sabiduría.
Thomas Jefferson

Señor, en general me considero una mujer honesta. Sé, sin embargo, que me sorprende genuinamente cuando un pensamiento deshonesto viene a mi mente y aún me horrorizo si lo dejo ir sin revisarlo. Ayúdame a ser más honesta conmigo misma y también contigo. Amén.

Una mujer de gran corazón

Por sobre todas las cosas cuida tu corazón, porque de él mana la vida.
Proverbios 4:23

Cuando pensamos en mujeres de gran corazón, solemos tener en mente a aquellas que tienen una profunda compasión por quienes están en situaciones difíciles o aquellas que se entristecen intensamente ante las interminables tragedias del mundo. Las mujeres que tienen grandes corazones suelen ser muy compasivas y consideradas.

Como mujer de valor, tú eres todo eso y Dios bendice tu corazón por todo lo que haces. La Biblia, sin embargo, en un breve proverbio nos recuerda que también es importante proteger nuestro corazón. ¿Por qué?

Antoine de Saint-Exupery dijo: «No se distingue bien sino con el corazón; lo esencial es invisible a los ojos».

Tu corazón es el lugar donde Dios se acerca a ti con ternura, mientras caminas a su lado diariamente. Te guía para ver, escuchar y sentir aquellas cosas que incrementarán tu luz y te ayudarán a ser aun una mejor amiga para quienes te rodean.

Cuando tu corazón ve a otra persona, o a un aspecto de la humanidad, acerca tu entendimiento a lo que Dios ve. Cuando Dios te observa, mira tu corazón. Cuando miras a otros, debes ver con el corazón. Es la verdad esencial que te ayuda a amar más completamente.

Una mujer de gran valor es una mujer de gran corazón, porque hace todo lo que puede para invertir su tiempo y talentos por el bien de quienes Dios ama.

Protege tu corazón, pero no lo endurezcas. Abre tu corazón a un mayor entendimiento de los caminos de Dios.

Un pensamiento valioso

El primer y mayor trabajo de una cristiana es sobre su corazón. No te contentes con que parezca que haces el bien en «actos externos» mientras que tu corazón está mal y tu permaneces ajena a las tareas internas más importantes de tu corazón.

Jonathan Edwards

Señor, ayúdame a abrir mi corazón a ver más de ti en quienes me rodean, y para compartir más de ti en cada nueva oportunidad. Amén.

Una mujer humana

Examíname, oh Dios, y sondea mi corazón;
ponme a prueba y sondea mis pensamientos.
Fíjate si voy por mal camino,
y guíame por el camino eterno.
Salmos 139:23-24

Todos estamos conectados entre nosotros. Lo que afecta a uno, afecta al conjunto. John Donne dijo: «Ningún hombre es una isla, algo completo en sí mismo; todo hombre es un fragmento del continente, una parte de un conjunto».

Las mujeres entienden acerca de estar conectadas. Desde temprana edad comenzamos formando relaciones e invirtiendo en conocer a las personas que viven en nuestra vecindad. Continuamos cuando empacamos nuestros pequeños almuerzos y vamos al colegio, y luego nos graduamos de nuestros hogares y familias de origen, solo para continuar enseñándoles a nuestras hijas la importancia del amor y la compasión.

Estamos investidas de nuestra humanidad y sin embargo, somos desafiadas cada día al ver las noticias del mundo y descubrir la enorme incongruencia entre un lugar y otro. La inhumanidad del hombre con el hombre nunca ha sido tan notoria como lo que es hoy a escala global. Como mujeres de valor, somos llamadas a restablecer el balance de todo lo que es bueno y humano en otros.

Podemos comenzar este camino invirtiendo algo de tiempo en nuestras propias oraciones y vidas. Necesitamos entender nuestros pensamientos y cómo impactan a otros. Necesitamos asegurarnos de que no estamos haciendo nada que ofenda a Dios o a sus hijos. Cuando empezamos por ahí, ayudamos a crear una nueva posibilidad de cambio.

Empezamos con nosotras mismas, y luego nos extendemos a nuestras familias, nuestros vecindarios y el mundo. Es esencial que nos esforcemos por lograr un impacto para bien. No podemos permanecer sentadas viendo cómo la humanidad se destruye a sí misma, y no ofrecer ninguna oportunidad de expandir la luz. Somos convocadas por el deber, la responsabilidad y el amor a levantarnos y alcanzar a quienes nos rodean. El mundo necesita el bien que solo tú puedes dar.

Un pensamiento valioso

Solo el amor permite el crecimiento de la humanidad, porque el amor engendra vida y es la única forma de energía que dura para siempre.

Michel Quoist

Señor, el mundo es tan abrumador. La necesidad de los demás es tan grande. Ayúdame a hacer lo que pueda, en donde me encuentre, para compartir mi humanidad de modos que transmitan amor. Amén.

Una mujer santa

¿Quién puede subir al monte del Señor?
¿Quién puede estar en su lugar santo?
Solo el de manos limpias y corazón puro,
el que no adora ídolos vanos
ni jura por dioses falsos.
Quien es así recibe bendiciones del Señor;
Dios su Salvador le hará justicia.
Salmos 24:3-5

No hay ningún misterio en el concepto santidad. Toca un punto casi aterrador que hace que el corazón se pregunte si es siquiera alcanzable. Parece ser el camino correcto, pero las malezas que asfixian el camino son innumerables. ¿Cómo logramos corazones puros y manos limpias? ¿Cómo sorteamos la brecha entre nuestra maldad y nuestro deseo de ser santas?

La Madre Teresa dijo: «La santidad consiste en hacer la voluntad del Padre con una sonrisa». Cuando el trabajo que haces para Dios te trae una alegría genuina, seguramente estés en el camino correcto. Cuando te encuentres preocupada y malhumorada por cada cosa que sientes la obligación de hacer, quizás necesites re-examinar tus motivos. Tu trabajo no puede ser santo.

Stephen Winward ofreció este comentario acerca de la santidad: «El progreso en la santidad puede medirse mejor no por la cantidad de tiempo que pasamos en oración, o por el número de veces que asistimos al culto, o por la cantidad de dinero que aportamos a la obra de Dios, ni por la amplitud y profundidad de nuestro conocimiento de la Biblia, sino por la calidad de nuestras relaciones personales».

Si la santidad dependiera de mí, no tendría recursos para avanzar. Felizmente, la santidad depende de Dios, quien nos ayuda a entender las maneras en que podemos demostrar santidad delante de él. La calidad de nuestras relaciones personales es una forma de descubrir cómo estamos siguiendo a Dios. Deja que tu corazón sea puro al acercarte al trabajo que Dios te ha dado, y haz todo con una sonrisa. Tu santidad será destacable.

Un pensamiento valioso

El verdadero amor a Dios debe comenzar por deleitarse en su santidad, y no con hallar deleite en cualquier otro atributo, porque ninguna otra cualidad puede amarse verdaderamente sin esto.

Jonathan Edwards

Señor, a veces percibo la santidad o reconozco un momento santo, pero sé que no siempre vivo en santidad. Ayúdame a desear más de ti. Amén.

Una mujer que vive en armonía

Vivan en armonía los unos con los otros.
Romanos 12:16

Finalmente tocamos un aspecto en el que somos realmente buenas. Sabemos cómo vivir en armonía. ¿No es así? ¿No estamos bastante bien versadas en el arte del compromiso y de permanecer tranquilas sin dar nuestra opinión cuando nadie la pide, sencillamente tratando de hacerle la vida más fácil a quienes nos rodean?

Está bien, quizás estemos fantaseando un poco. Tal vez tenemos que aprender a traer armonía a las situaciones, al igual que todos los demás. ¿Por qué? Porque tenemos que ayudar al mundo a volver a su tono para convertirnos en un coro de belleza y no en una cacofonía de símbolos estridentes. Necesitamos ayudar a establecer el orden de las cosas. Es el deber esencial del amor.

¿Cómo hace una mujer de valor para intentar convertirse en algo diferente a una campanada? Lo haces manteniéndote al margen del mundo, en oración y meditación. Aprendes a escuchar a la voz calma en tu interior, que te lleva hacia una pacífica armonía contigo misma. No puedes llevar armonía a otros si toda tu vida suena como música de rock pesado.

Una vez que has restablecido tu propia paz, tienes paz para dar. Thomas à Kempis dijo: «Qué paz y calma interior debe tener quien puede aislar de sí misma toda ocupación mental, y pensar solo en las cosas celestiales». Al elevar tus pensamientos hacia el trono celestial, conocerás la dulce armonía.

Tu obsequio de esta semana es encontrar armonía en todas las formas… en tu familia, en tu trabajo, y en tu corazón. Dios te encontrará allí y honrará tu esfuerzo por escuchar su voz. Si tienes paz con Dios, tu vida será llena de bellas melodías.

Un pensamiento valioso

Mantén tu corazón en paz; no permitas que nada en este mundo lo perturbe: todo tiene un final.

Juan de la Cruz

Señor, que al intentar lograr mayor armonía en mi vida, busque mayor armonía en ti. Amén.

Una mujer de buenos hábitos

Obedece sus preceptos y normas que hoy te mando cumplir. De este modo a ti y a tus descendientes les irá bien, y permanecerán mucho tiempo en la tierra que el Señor su Dios les da para siempre.

Deuteronomio 4:40

Somos genuinas criaturas de hábitos. A veces, establecemos un hábito sin siquiera pensarlo. Quizás tomamos siempre el mismo camino cuando vamos al mercado, o nos sentamos siempre en el mismo banco en el culto, o comemos ciertos alimentos en nuestros platos siempre de la misma manera. Sea como sea, apreciamos la rutina y nos gusta mantenernos apegadas a ella cuando funciona bien.

Para algunas de nosotras, el sentido de la rutina influye incluso en nuestra elección de la iglesia en que nos congregamos. Crecimos con un cierto ritual o liturgia y ahora, como adultas, es lo que hace más satisfactoria la experiencia eclesiástica.

También tenemos hábitos en nuestras relaciones. Cuando nos creamos el hábito de tratar a un amigo o cónyuge de cierto modo, continuamos haciéndolo así, simplemente por costumbre. Todo eso puede ser bueno. Pero también puede ser algo a cuestionar. Si por ejemplo recitas el Padrenuestro domingo tras domingo, sin siquiera detenerte a pensar acerca de lo que realmente significa, o a examinar si en verdad tiene algún efecto en tu vida, la oración misma se ha convertido más en una cuestión de hábito que de corazón.

Solemos pensar que los hábitos son difíciles de romper, y en general, cuando decimos eso, estamos pensando acerca de los malos hábitos. Cambia eso, y haz que tus buenos hábitos sean difíciles de romper. Haz que sea casi imposible renunciar a tu tiempo tranquilo de la mañana, o a tu cena en familia. Establece el hábito de acercarte siempre al Señor con los planes de cada día, para que puedas ser realmente llena de la gracia diaria.

Mira a tus hábitos como algo bueno cuando promueven una sensación de gozo por tu obediencia a Dios. Él tiene el hábito de encontrar siempre gozo en ti.

Un pensamiento valioso

Primero creamos nuestros hábitos y luego nuestros hábitos nos crean a nosotros.

John Dryden

Señor, ayúdame a establecer hábitos positivos en mi búsqueda por conocerte más. Amén.

• • • Semana 51 • • •

Una mujer que entiende la felicidad

Dichosos los pobres en espíritu,
porque el reino de los cielos les pertenece.
Dichosos los que lloran,
porque serán consolados.
Dichosos los humildes,
porque recibirán la tierra como herencia.
Dichosos los que tienen hambre y sed de justicia,
porque serán saciados.
Mateo 5:3-6

La felicidad depende en gran parte de lo que queremos y de nuestras expectativas. La verdadera felicidad está determinada en lo cerca que alineamos nuestros deseos reales con nuestros resultados. La versión precedente de Mateo 5 nos da una demostración de la felicidad. Nos muestra algunos caminos a través de los cuales podemos buscar ser felices.

Puedes buscar los asuntos de Dios. Puedes

ser feliz porque sabes que él saldrá a tu encuentro cada vez que se lo pidas. No solo te encontrará, irá delante de ti, a tu lado y detrás de tí. De hecho, solo tienes que dejarle conocer tu deseo de estar cerca de él, y allí estará. Ese es un excelente motivo para estar feliz.

Si ahora estás triste, puedes ser dichosa sabiendo que no estás sola. Dios está contigo en tu tristeza y te envolverá en su amor hasta que la tristeza pase y la sonrisa resurja. Si sientes incertidumbre acerca de cuál es tu hogar y tu lugar de pertenencia, puedes estar contenta por los planes de Dios de darte el suelo que pisas. Él estará ahí para ayudarte a cada paso del camino, si tomas su mano humildemente.

Si te sientes la mejor cuando estás sirviendo a otros, entonces tienes todo el derecho de estar feliz, porque tendrás un festín continuo. El Señor satisfará tu deseo de servir de modos cálidos y amorosos, y nunca estarás desocupada.

Una mujer de valor se esfuerza por entender la felicidad. No la cuenta como si fueran zapatos en su ropero, o anillos en su mano, sino con una actitud de gozo que ha enfocado su corazón totalmente hacia Dios.

Un pensamiento valioso

Donde está tu placer, está tu tesoro. Donde está tu tesoro, está tu corazón. Donde está tu corazón, está tu felicidad.

Agustín de Hipona

Señor, me has dado todas las razones para ser feliz. A lo largo de la semana, permíteme compartir esta felicidad con otros. Amén.

• • • Semana 52 • • •

Una mujer hospitalaria

Sigan amándose unos a otros fraternalmente. No se olviden de practicar la hospitalidad, pues gracias a ella algunos, sin saberlo, hospedaron ángeles.

Hebreos 13:1-2

Muchas mujeres aman entretenerse y disfrutar de la planificación y preparación que implica recibir invitados. Nos importa ser hospitalarias y aprendimos a serlo de nuestras madres y abuelas.

El sentimiento de añoranza de un pasado en el que los vecinos se visitaban en los portales y las visitas inesperadas eran celebradas, casi ha desaparecido. En lugar de eso, nos encontramos encerradas, protegiendo nuestros hogares de los posibles intrusos, y raramente hablando con quienes cruzamos en los pasillos de nuestros empleos. No le sonreímos a los extraños, porque hemos perdido nuestro sentido de confianza en los demás. No estamos seguras de quiénes son parte del pueblo de Dios en el mundo.

Hoy, todavía puedes recibir a otros con amor y un corazón sincero, dentro de los límites de la seguridad y el buen juicio. ¿Dónde? Puedes dar la bienvenida en la iglesia a quienes asisten por primera vez. Puedes escuchar una necesidad, u ofrecer consuelo cuando te ves impulsada a hacerlo. Puedes llevarle comida a un vecino enfermo, o un abrigo cálido a quien viva en las calles. Puedes hacer orden en tu ropero y dar a otros las cosas que ya no usas pero que están en buen estado. Puedes apadrinar a un niño en otro país, para cubrir sus necesidades básicas. Puedes hornear una torta para alguien que esté cumpliendo años en una residencia de ancianos. Puedes alcanzar a los que están a tu alrededor.

Si haces estas cosas, ¿hospedarás ángeles sin saberlo? Tal vez. ¿Serás un ángel para alguien en necesidad? ¡Absolutamente! La hospitalidad es siempre un asunto de corazón. Atiende a la guía de Dios y recibe su instrucción para ti esta semana.

Un pensamiento valioso

Recíbanse a todos los huéspedes que llegan como a Cristo, pues él mismo ha de decir: «Huésped fui y me recibieron». A todos dése el honor que corresponde, pero sobre todo a los peregrinos.

Regla de San Benito

Señor, que pueda ofrecer un corazón dispuesto a todo el que envíes por mi camino en la semana entrante. Amén.

Transformándote en una mujer de gran valor

Estás transformándote en una mujer de gran valor cuando cada día, con honestidad, haces tu parte para dar lo que puedes con el fin de honrar el plan de Dios de vivir esta vida con tu corazón. Te estás convirtiendo en una mujer de gran valor día a día, al ayudar a tu vecino a sonreír dándole un abrigo o una tarjeta que le dedicaste y quedándote a conversar un rato. Te asemejas más a una mujer de gran valor cuando diariamente agradeces con humildad por las cosas que te ayudan a seguir y mantener la esperanza en la felicidad que siempre trae el amor.

Eres una maravillosa mujer de gran valor. En donde te encuentres, levanta tus brazos para agradecer a Dios por todo lo que ha hecho, y extiende tus manos para bendecir a otros. ¡El que te creó te ha hecho valiosa!